Jordan B. Peterson
Die Essenz des Seins

www.fontis-verlag.com

Jordan B. Peterson
Die Essenz des Seins

*Über das Zusammenspiel
von Identität und Verantwortung*

ʼfontis

Bibliografische Information der Deutschen Nationalbibliothek
Die Deutsche Nationalbibliothek verzeichnet diese Publikation in der
Deutschen Nationalbibliografie; detaillierte bibliografische Daten sind im
Internet über www.dnb.de abrufbar.

Der Fontis-Verlag wird von 2021 bis 2024
vom Schweizer Bundesamt für Kultur unterstützt.

© Die Essenz der Identität: 2023 Jordan B. Peterson
© Identität: Das Individuum und der Staat gegen die subsidiäre Hierarchie des
Himmels: 2023 Jonathan Pageau und Jordan B. Peterson
Beide Texte sind im Umfeld der ARC-Konferenz 2023 in London entstanden.
Sie erscheinen hier erstmals in dieser Zusammenstellung in Buchform.

© der deutschsprachigen Ausgabe
2024 by Fontis-Verlag Basel
Alle Rechte vorbehalten.

Redaktion: Dr. Tabea Richardson
Umschlag: René Graf, Fontis
Fotos Jordan Peterson und Jonathan Pageau: © by Dominik Klenk
Satz: InnoSET AG, Justin Messmer, Basel
Druck: Finidr
Gedruckt in der Tschechischen Republik
ISBN 978-3-03848-287-1

Inhalt

Vorwort
Dr. Dominik Klenk 7

Die Essenz der Identität
Dr. Jordan B. Peterson 11

Identität: Das Individuum und der Staat gegen die subsidiäre Hierarchie des Himmels
Jonathan Pageau | Dr. Jordan B. Peterson 37

Über die Autoren 139

Anmerkungen 141

Vorwort

Es war zur Hoch-Zeit des Kalten Krieges, als der Ökonom Ernst Friedrich Schumacher davon berichtete, wie er in Leningrad, heute Sankt Petersburg, vor einer Kathedrale stand und etwas hilflos versuchte, seinen Standort mithilfe eines Stadtplans zu bestimmen. Als er sich schließlich Rat suchend an die Reiseführerin wandte, gab diese zur Antwort: «Kirchen und Kathedralen sind in unseren Stadtplänen nicht eingezeichnet.»

Man hat den Eindruck, dass wir auch für unsere globale und medialisierte Welt immer häufiger solche Landkarten geliefert bekommen, auf denen Wesentliches nicht eingezeichnet ist. Manche Wirklichkeiten werden sogar systematisch ausgeblendet.

Eingezeichnet sind stattdessen breite Chausseen und ausladende Märkte zur Selbstoptimierung: immer neue Spielarten selbstverliebter Individualisierung. Das ist ein Wirtschaftsfaktor, der umso mehr

Rendite abwirft, je weniger Menschen in tragende, gemeinschaftliche Strukturen eingebunden sind.

Übersichtliche, vitale Einheiten verbundenen Lebens, kurze Wege zueinander, liebevoll gestaltete Räume der gegenseitigen Vergewisserung – in der modernen Infrastruktur fehlen sie mehr und mehr. Gleichzeitig gilt: Je dicker die Verheißung zum individuellen Glück aufgetragen wird, desto häufiger laden sich Menschen ihre Wegweiser dafür herunter. Allerdings entpuppen sich die Landmarken dieser Karten oft als Fata Morgana, als U-topos: Nicht-Orte, an denen Menschen sich nur ver- statt begegnen können und sich am Ende selbst verlieren.

Jordan B. Peterson und Jonathan Pageau entwerfen mit «Die Essenz des Seins» die Kartografie einer traditionsgetränkten Kulturlandschaft, um die wichtigen Orientierungspunkte menschlichen Zusammenlebens wieder sichtbar, erkennbar und auffindbar zu machen: Quellen der Weisheit, Höhenlinien wesentlicher Wertehierarchien, Wasserscheiden notwendiger Klärungen.

Der alles bestimmende Maßstab bleibt für sie der Mensch und seine Identität in der notwendigen Einbettung in erweiterte und tragende Zusammenhänge der Verbundenheit. Sie bestehen in den vertraut-vernakulären und sich immer neu strukturierenden Einzeichnungen des Miteinanders, aus denen die menschliche Zivilisation erst erwächst. Ohne sie werden wir als vereinsamte Individuen erst dann aus der Illusion der Autonomie erwachen, wenn wir mit dem Kopf hart an der Realität aufschlagen.

«Die Essenz des Seins» ist eine Landkarte, die uns die Tektonik einer Kultur der Zugehörigkeit sichtbar macht, jener Grundstruktur, in der Leben möglich ist. Ein Leben für Menschen, für Gemeinschaften, ja, für ganze Völker, die willens und in der Lage sind, über sich selbst hinauszudenken und in das Größere, in das Künftige zu investieren. Es ist eine gleichermaßen unverzichtbare wie anschlussfähige Landkarte, auch weil sie uns an das zentrale Anliegen Dietrich Bonhoeffers erinnert: «Die letzte verantwortliche Frage ist nicht, wie ich mich heroisch aus der Affäre ziehe, sondern wie eine nächste Generation weiterleben soll.»[1]

Dr. Dominik Klenk, Verleger

Die Essenz der Identität

Dr. Jordan B. Peterson

Die Identitätsfrage im Kulturkampf

Wir befinden uns in einem sogenannten Kulturkampf. Man könnte auch sagen, wir leben in einem psychologischen und gesellschaftlichen Minenfeld. Das Thema Identität spaltet unsere Gesellschaft.

Um diese Spannungen abzubauen und eine neue psychologische Integration, einen echten sozialen Frieden herbeizuführen, können wir uns nicht damit begnügen, nur zu kritisieren, was zum Thema Identität bereits gesagt wurde. Wir müssen vielmehr eine Alternative anbieten. Deshalb möchte ich mich einmal eingehend mit der Frage beschäftigen, was Identität sein muss und sein sollte, und dies in Beziehung setzen zu dem, was eine Gesellschaftsstruktur sein muss und sein sollte.

Dazu sollten wir uns vorrangig mit den beiden grundlegenden Themen Glaube und Verantwortung befassen. Beim Glauben handelt es sich um die Art von Mut, die es einem erlaubt, die Möglichkeiten der Zukunft mit offenen Armen zu empfangen. Ich spreche von Möglichkeiten, weil Zukunft nichts anderes ist als die Manifestation der Möglichkeit zur Wirklichkeit. Und es sind die Möglichkeiten der Zukunft, mit denen wir uns hier auseinandersetzen, der unbekannte Schatz dessen, was sein könnte.

Aber wie sollen wir diese Aufgabe, die ja eine immerwährende, nie endende ist, am besten bewältigen? Eine Antwort lautet: mit einem mutigen Glauben.

Wir setzen also alles aufs Spiel und vertreten die These, dass die Existenz an sich, das Sein und das Werden an sich gut sind und dass es uns obliegt, nach diesem Diktum zu handeln – egal, was kommt. Und so blicken wir in die Zukunft und entwerfen für diese unbekannte Landschaft eine Vision. Eine Vision, die uns Hoffnung und Sicherheit gibt, denn das ist die Aufgabe einer Vision. Und dann liegt es in unserer Verantwortung, so zu handeln, dass diese Vision möglich wird.

Ich würde also sagen, dass Identität in der Vereinigung von Glaube und Verantwortung besteht. Sie fragen sich jetzt vielleicht, wie diese Vereinigung entsteht. Und dazu möchte ich sagen, dass das auf

Beim Glauben handelt es sich um
die Art von Mut, die es einem erlaubt,
die Möglichkeiten der Zukunft mit
offenen Armen zu empfangen.

eine subsidiäre, also eine hierarchisch ergänzende Art geschieht.

Ich werde Ihnen jetzt eine kleine Geschichte erzählen. Es ist eine sehr einfache Geschichte, aber einfache Geschichten lassen sich nach oben skalieren, und so ist es auch mit der Himmelsleiter des Jakob.[2] Diese Leiter stellen wir uns vor wie eine unvergängliche Liane oder einen Weinstock, der das materielle, unmittelbare Reich der Erde mit dem ewigen Reich des Himmels verbindet. Und so lautet unsere Frage, wie wir diese Jakobsleiter nicht nur begreifen, sondern auch anfertigen und erklimmen können.

Kleine Schritte, große Veränderungen

Als mein Sohn anderthalb Jahre alt war, brachte ich ihm bei, wie man einen Tisch deckt. Das stimmt natürlich nicht ganz, denn mit anderthalb Jahren kann man noch keinen Tisch decken. Wenn ein Zweijähriger sein Zimmer verwüstet hat und Sie sagen: «Räum dein Zimmer auf», ist das Zimmer nach fünfzehn Minuten genauso unordentlich wie vorher. Und wenn Sie den Kleinen dann fragen: «Warum hast du dein Zimmer nicht aufgeräumt?», wird er Sie nur erstaunt ansehen.

Der Grund dafür ist, dass er nicht weiß, was «Räum dein Zimmer auf» bedeutet. Was Sie aber tun können, ist, dem Zweijährigen zu sagen: «Hey, Kleiner, siehst du den Teddy dort?» Über diese Frage freut er sich. Denn mit seinen zwei Jahren kann er das schon: einen Teddybären wahrnehmen. Er wird also seine Augen auf den Teddy richten, und dann wird er Sie ansehen, und Sie können ihm den Kopf tätscheln und sagen: «Gut.»

Anschließend können Sie ihm vorschlagen: «Geh doch mal da rüber und heb den Teddy auf.» Das tut er dann und schaut Sie wieder an. Und dann können Sie fragen: «Siehst du die Lücke im Regal dort?» Und wenn er «Ja» sagt, erwidern Sie: «Da setzt du den Teddy jetzt rein.» Und so geht der Junge hin und setzt seinen Teddy in die Lücke im Regal. Er wird Sie danach wieder anschauen und Sie können ihm wieder den Kopf tätscheln.

Wenn Sie Ihrem Kind sehr behutsam hundert solcher Mikroroutinen beibringen, können Sie ihm irgendwann sagen, dass er sein Zimmer aufräumen soll, und er wird wissen, wie es geht. Das ist der Weg, wie wir zu echten Menschen werden.

Natürlich handelt es sich hierbei um eine sehr kleine Vision. Ja, sie ist klein. Genauer gesagt ist es eine Mikrovision davon, wie das Zimmer aussähe, wenn der Teddybär an seinen Platz gelegt würde.

Es ist keine glorreiche Makrovision davon, wie Himmel und Erde zu vereinen sind, aber es sind doch die ersten Anfänge genau dieses Prozesses. Wir hangeln uns an einem Gerüst vom Endlichen zum Unendlichen empor und das Gesamtgerüst macht unsere Identität aus.

Mein kleiner Sohn soll mir also helfen, den Tisch zu decken. Zunächst frage ich ihn: «Kleiner, weißt du, wo die Schublade mit den Messern und Gabeln ist?» Darauf antwortet er: «Ja.» Dann sage ich: «Geh zur Schublade, mach sie auf und nimm eine Gabel heraus.» Und so geht er hin und tut das. Die Gabel kann er zwar nur ertasten, denn die Schublade befindet sich über seiner Augenhöhe, aber trotzdem schafft er es, sie mir zu bringen.

Daraufhin bitte ich ihn: «Nimm sie mit ins Esszimmer und leg sie auf den Tisch neben den Teller.» Auch das schafft er. Danach bekommt er dasselbe mit einem Messer hin. Und schließlich sogar mit einem Teller, zumindest, wenn man es wagt, ihn einen Teller tragen zu lassen.

Was lernt er dabei? Er lernt Tischdecken. Bald sitzt er mit anderen Menschen an einem Tisch und lernt, wie man Essen miteinander teilt, Rücksicht nimmt und sich in Gastfreundschaft übt. Man kann also sehen, dass sich das alles allmählich steigert.

Wir hangeln uns an einem Gerüst
vom Endlichen zum Unendlichen empor
und das Gesamtgerüst macht unsere
Identität aus.

Irgendwann lernt er sogar, hier und da seine eigenen Bedürfnisse hintanzustellen. Er entwickelt sich zu einem braven Jungen, einem guten Kind. Das wiederum ist Teil seiner Aufgabe, seine angemessene Rolle in der Familie einzunehmen. Im weitesten Sinne ist das eine Form des Teilens. Dies macht ihn also auch zu einem guten Spielkameraden. Schließlich ist er so weit, dass sogar sein größeres Umfeld ihn als potenziellen Freund wahrnimmt. Kurzum: Er beginnt zu reifen.

Mit zunehmender Reife erweitert sich schrittweise der Umfang seiner Vision, bis sie nicht mehr nur das umfasst, was er kurzfristig will, sondern auch das, was mittel- bis langfristig gut für ihn ist. Der zeitliche Rahmen seiner Vision weitet sich also aus. Und zwar nicht nur, damit er erreicht, was ihm selbst wohltut, sondern damit in zunehmendem Maß auch andere Menschen darin Platz finden können.

Die Hierarchie der Verantwortung

Wenn man in dieser Weise schließlich zu handeln beginnt, wie Erwachsene es tun, kann man für sich selbst Verantwortung übernehmen. Man hat gelernt, eine Haltung der Gastfreundschaft einzunehmen. Manch einer hat sogar das Glück, bereits ein guter

Freund zu sein, bevor er eine Ehe eingeht und es dort erlernen muss.

Schließlich ist man fähig, Verantwortung für den eigenen Partner zu übernehmen und umgekehrt. Gemeinsam übernimmt man dann möglicherweise auch Verantwortung für Kinder. Dies bedeutet zugleich Befriedigung, Abenteuer und Bürde – und letztlich steckt darin die tiefe Bedeutung von Familie.

All diese Erfahrungen bettet man in der Folge in seine Gemeinschaft ein und übernimmt Verantwortung auch dort, später sogar für Stadt und Staat. Dies alles tut man in so ausgewogener und harmonischer Manier wie möglich. Der Geist, der diese ganze Hierarchie durchdringt und an ihrer Spitze steht, ist so etwas wie der Geist der Güte selbst. Dieser Geist wird klassischerweise mit dem Höchsten in Verbindung gebracht, und dies wiederum assoziieren wir Menschen mit Gott.

Der Sinn des Lebens

Die Identität eines Menschen umfasst all das, was sich gleichzeitig vom Niedrigsten zum Höchsten erstreckt. Und wenn man das einmal verstanden hat, wird einem noch etwas anderes klar: Man erkennt, was wahres menschliches Gedeihen auf der psychologischen Ebene bedeutet.

Einer der Bärendienste, den die Psychologen der Welt erwiesen haben, ist die Vorstellung, psychische Gesundheit sei etwas Subjektives. Das ist nicht wahr. Die meisten von uns wissen dies zwar, aber wirklich begriffen haben wir es trotzdem nicht. Aber wir wissen es schon deshalb, weil man niemals psychisch gesund sein kann, wenn die eigene Frau unglücklich ist. Dafür wird sie schon sorgen.

Dasselbe gilt für unsere Kinder. Einer meiner Nachbarn sagte einmal zu mir: «Eine Mutter ist nie glücklicher als ihr unglücklichstes Kind.» Daran sehen wir, dass psychische Gesundheit, woraus auch immer sie genau besteht, nicht unbedingt etwas rein Psychisches und schon gar nicht etwas rein Subjektives ist. Sie ist vielmehr mit der Harmonie vergleichbar, die dann entsteht, wenn die gesamte subsidiäre Struktur alle ihre Funktionen so ausführt, wie sie sollte.

Die Musik ist ein wunderbares Beispiel dafür. Durch sie erfahren wir etwas über das perfekte Zusammenspiel, das nur in einer komplexen, angemessen subsidiär angeordneten Struktur existieren kann, in der jede Note der Phrase und jede Phrase der Melodie dient. Auch jede Person, die im Orchester spielt, dient der übergreifenden Funktion der Musik.

Die Musik spielt also den ewigen Tanz zwischen Chaos und Ordnung. Die Sinnhaftigkeit dieses Gefüges wiederum zeigt uns die Essenz jedes tieferen Sinns auf.

Es gibt so viele Menschen auf der Welt, die durch ihre heillos fragmentierten Identitäten so existenziell verloren sind, dass sie jeden tieferen Sinn in ihrem Leben verloren haben. Der Sinn des Lebens – wer hätte das gedacht? – liegt nämlich nicht in selbstsüchtigen, eng gefassten und unmittelbaren Zielen oder Antrieben.

Diese haben nichts Erbauliches an sich. Und zwar deshalb nicht, weil die subsidiäre Struktur nicht funktionieren kann, wenn wir nicht imstande sind, uns über einen längeren Zeitraum hinweg darin einzuordnen. Oder wenn wir es nicht schaffen, uns zugleich um die Zukunft zu kümmern und unseren sozialen Verpflichtungen nachzukommen. Kurzum: Man kann auf der Suche nach dem Sinn des Lebens kein imaginäres Recht auf Befriedigung genussgesteuerter Wünsche einfordern.

Der Sinn des Leidens

Selbst wenn diese Möglichkeit bestünde, wäre hier immer noch nicht die Art Sinn zu finden, die auch

Man kann auf der Suche nach dem Sinn des Lebens kein imaginäres Recht auf Befriedigung genussgesteuerter Wünsche einfordern.

in Zeiten der Not tragfähig ist. Die meisten Menschen wissen das eigentlich.

Den Sinn, der auch in der Not trägt, findet man unter anderem, wenn man inmitten der eigenen Unzulänglichkeit und des eigenen Leidens gezwungen ist, sich selbst mit einer positiven Einstellung zu betrachten. Wenn Sie sich zum Beispiel sagen können, dass Sie zumindest da waren für Ihre Frau oder Ihren Kindern eine Hilfe sein konnten. Dass Sie für Ihre Eltern mitgesorgt haben oder wenigstens Ihren Freunden, Ihren Kunden, Ihren Geschäftspartnern oder Ihrer Nation einen kleinen Dienst erweisen konnten.

Sinn ist im Dienst zu finden. Und zwar im Dienst an der Harmonie, die die gesamte Jakobsleiter von der Erde bis zum Himmel ausmacht. Das war schon von jeher so. Doch anstelle jener großartigen Vision von multidimensionaler Harmonie, Verantwortung und Schönheit bieten wir unseren Kindern nur dünnen Brei an.

Es kommt sogar noch schlimmer. Kennen Sie die biblische Abrahamsgeschichte?[3] Als Abraham sein Leben beginnt, hat er zunächst alles, was er braucht. Aber auf einmal erreicht ihn die Stimme Gottes, die sagt: «Geh hinaus in die Welt. Lege ab, was nur kindisch und bedürfnisbefriedigend ist, und erlebe das Abenteuer deines Lebens.»

Eigentlich ein guter Deal, denn wir sind ja nicht für die infantile Befriedigung unserer niederen Triebe geschaffen. Wir sind vielmehr dazu geschaffen, in die Welt hinauszuziehen wie echte Abenteurer, um den Schwierigkeiten einer katastrophalen Zukunft mit so viel Edelmut und Tapferkeit zu begegnen wie irgend möglich. Wir sind dazu geschaffen, die Welt auf unsere Schultern zu heben und den mühseligen Aufstieg zu wagen. In genau dieser Anstrengung offenbart sich uns der Sinn des Lebens.

Es bleibt die Frage nach dem Sinn des Leidens. Diesen findet der Mensch in der Bürde der Verantwortung. Streng genommen ist sie gar keine Bürde. Sie ist vielmehr die größte Chance, die man je erhalten kann.

Jeder kennt das ja: Man ist von Zweifeln am Sinn des Lebens geplagt, und auf einmal kommt jemand und sagt einem: «Weißt du: Was du hier für mich getan hast, hat mir wirklich viel bedeutet.» So ein Satz kann helfen, eine noch so harte Woche zu überstehen. Und zwar allein deshalb, weil offenbar wurde, dass die Opfer, die Sie für andere gebracht haben, tatsächlich etwas bewirkt haben. Demnach können wir mit der richtigen Opferbereitschaft immer wieder etwas bewirken, nicht wahr?

Es ist die Opferbereitschaft, die die Hierarchie der Identität erst möglich macht. Denn mit der

Es ist die Opferbereitschaft, die die Hierarchie der Identität erst möglich macht.

richtigen inneren Haltung opfert man ständig das Niederen dem Höheren. Man opfert seine eigennützigen, unmittelbaren, bedürfnisorientierten Wünsche zugunsten eines Daseinsmusters, das einen auf lange Sicht erhält und immer mehr Menschen miteinander verbindet.

Und es ist ein lohnendes Opfer, denn sein Nutzen übersteigt bei Weitem die Kosten.

Jeder, der schon mal ein Kind bekommen hat und etwas Verstand besitzt, der seinem Ur-Narzissmus entflohen ist, versteht das. Denn ein Kind in die Welt zu setzen und seine Entwicklung zu beobachten, ist ein bittersüßes Abenteuer. Kinder sind verletzlich und Dinge gehen schief. Dennoch: Die meisten klar denkenden Menschen sind überglücklich, wenn der Mensch, den sie in die Welt gesetzt haben, als Folge ihrer gebrachten Opfer gedeiht. Dieses Gedeihen rechtfertigt nämlich alle Opfer.

Göttliche Verantwortung

So ist das Leben. Das lassen wir die jungen Menschen aber nicht mehr wissen. Psychologen haben in den letzten zwanzig Jahren entdeckt, dass es – aus medizinischer Sicht – keinen Unterschied gibt zwischen dem Nachdenken über sich selbst und dem Unglücklichsein. Es ist ein und dasselbe. Eigentlich wissen wir das auch.

Wenn ich für einen Vortrag auf der Bühne stehe und mir plötzlich meiner selbst bewusst werde, dann kommt schnell Panik auf, und es kann sein, dass ich völlig aus dem Konzept komme.

Genau das geschieht mit den vielen jungen Leuten, denen heute anscheinend jeder Halt fehlt. Ihnen wird beigebracht, nur auf sich selbst zu achten, nur an ihre unmittelbaren Bedürfnisse zu denken, sich selbst als den Dreh- und Angelpunkt aller Dinge zu betrachten. Dabei gibt es nichts, womit man sie unglücklicher machen könnte. Es ist gleichbedeutend mit einer Anleitung zum Elend.

Viel besser ist es, sich von sich selbst weg zu orientieren und einem höheren Zweck zu dienen. Vielleicht klingt Ihnen das etwas zu einfach, aber betrachten wir es einmal ganz praktisch: Warum legt man eine Gabel auf den Tisch? Man tut es, damit man einen Teller danebenstellen kann, und das dient dazu, den Tisch zu decken. Den Tisch decken wir, weil wir unserer Familie etwas Gutes tun möchten, weil wir ein Mahl miteinander teilen wollen. So ein Mahl bringt uns mit den Menschen, die wir lieben, in einem harmonischen Mikrokosmos der gesamten kosmischen Ordnung zusammen.

Heute wird den jungen Leuten beigebracht, nur auf sich selbst zu achten, sich selbst als den Dreh- und Angelpunkt aller Dinge zu betrachten. Dabei gibt es nichts, womit man sie unglücklicher machen könnte.

Man kann das auf jeder Ebene der Komplexität nachbilden, bis hin zur Spitze der kosmischen Ordnung. Und glauben Sie mir: Diese Idee ist genauso real wie das, was an dieser Spitze steht.

All dieses Wissen ist allerdings längst in Vergessenheit geraten. Und in der Folge haben wir auch die Verantwortung verworfen, die zu tragen uns das Leben eigentlich erträglich machen würde.

Vergessen haben wir auch den Sinn und das Abenteuer, den Zweck und die gewonnene Selbstachtung, die mit dieser aufopfernden Haltung einhergehen.

Schließlich haben wir es sogar versäumt, unseren Kindern diese Dinge zu vermitteln.

Trotzdem: Wir könnten uns noch einmal darauf zurückbesinnen, wer wir eigentlich sind. Wir, die wir geschaffen sind im Ebenbild Gottes, könnten uns aufmachen, auf ewig und in mühsamer Anstrengung hochzukraxeln nach Jerusalem, dieser leuchtenden Stadt auf einem Berge. Einige von uns tun das bereits.

Töricht sind wir nur, wenn wir diese Thesen für so etwas wie primitiven Aberglauben halten. Denn in Wahrheit handelt es sich um die treffendsten Intuitionen über die Struktur der Wirklichkeit, die je dargeboten wurden. Unsere ganze Zivilisation haben wir darauf aufgebaut. Und siehe da, sie ist gar nicht so schlecht. Wir haben Milliarden von Menschen auf der ganzen Welt zu Wohlstand und Überfluss verholfen, uns redlich emporgekämpft.

Wären wir weise, treu, mutig und verantwortungsbewusst, so könnten wir all das weiterhin an andere weitergeben. Wir könnten die schlimmsten Formen der Armut für immer ausmerzen. Sogar eine Zeit des Reichtums und der Chancen für alle könnten wir einleiten. Und das werden wir auch. Wenn jeder von uns die Welt auf seine eigenen Schultern hebt, wir alle gemeinsam auf diese Art und Weise handeln und den Aufwärtskampf in Richtung der Stadt Gottes fortsetzen, werden wir es schaffen. Das ist die Wahrheit. Tatsächlich die Wahrheit.

Es ist nicht irgendein Aberglaube. Keine primitive Abwehr gegen Todesangst und nicht das Opium des Volkes. Es ist der Aufruf zu einer göttlichen Verantwortung. Und in dem Maße, wie jeder von uns im Rahmen seines eigenen Lebens handelt, lenken wir die Welt etwas weiter in Richtung Himmel und weg von der Hölle.

Die Wüste zum Blühen bringen

Ich möchte Sie ermutigen, genau das zu tun. Denn ich bin davon überzeugt, dass Sie es zu tun vermögen. Und nicht nur können, sondern sogar müssen. Denn jeder Versuch, sich dieser Verantwortung zu entziehen, führt zu einer schwankenden Spannung zwischen totaler Tyrannei und absoluter Sklaverei. Aber ein verantwortungsbewusster Bürger, der die Last der Welt auf seinen Schultern trägt, entzieht sowohl dem Tyrannen als auch dem Sklaven die Grundlage.

Das ist es also, was wir tun wollen und wozu ich Sie aufrufe. Denken Sie darüber nach, was Sie der Welt bieten könnten, wenn Sie ihr alles gäben, was Sie haben. Denn das Leben ist ein sehr schwieriges Unterfangen, und Sie werden Ihr glorreiches Potenzial nicht erreichen, wenn Sie sich nicht restlos und von ganzem Herzen darauf einlassen, es in all seinen schrecklichen Katastrophen und gewaltigen Möglichkeiten anzunehmen. Nur so werden Sie zu der Person werden, die jene göttliche Verantwortung und alle damit einhergehenden Rechte innehat und dadurch befähigt ist, die Welt in Ordnung zu bringen.

Mir ist, als gäbe es keine Wüste, die wir nicht zum Blühen bringen könnten, wenn nur genügend von uns erkennten, dass da nichts ist, was wir nicht erreichen können. Und auch jeder Grund, Thomas Malthus gleich in einen Nullsummen-Pessimismus zu verfallen, würde sich zerschlagen.

Ein verantwortungsbewusster Bürger, der die Last der Welt auf seinen Schultern trägt, entzieht sowohl dem Tyrannen als auch dem Sklaven die Grundlage.

Wir könnten haben, was wir wollten, wenn wir es wirklich wollten, wenn wir wahrhaftig danach strebten und aufrichtig darum bäten – es würde sich als Folge unseres Glaubens und unserer Verantwortung, der Annahme unserer wirklichen Identität, manifestieren.

Identität

Das Individuum und der Staat gegen die subsidiäre Hierarchie des Himmels

Jonathan Pageau
Dr. Jordan B. Peterson

Die Frage der Identität

Uns Menschen des 20. und 21. Jahrhunderts treibt die Frage der Identität um. Sie liegt all unseren politischen Exzessen und Extremen zugrunde und spielt die zentrale Rolle in einem Kulturkampf, der uns einmal mehr vor eine absolute Zerreißprobe stellt. Inmitten von Chaos und Sehnsucht, ohne feste Identität oder Boden unter den Füßen, ohne Orientierung, irren wir durch die Zeit. Und weil uns gesunde Wahrnehmung und Instinkte fehlen, sind wir anfällig geworden für Zersetzung und Zwietracht.

Es muss etwas geben, was unsere Aufmerksamkeit und unser Handeln vereint, damit wir auf psychologischer Ebene integriert sind. Auf kollektiver Ebene muss es etwas geben, was unsere Interessen und Bemühungen vereint, damit wir friedlich, produktiv, wechselseitig und nachhaltig miteinander kooperieren und konkurrieren können. Die Frage lautet, wie wir unsere Identität sowohl praktisch begreifen als auch ideell realisieren können. Welche Chancen winken, wenn wir diese Frage beantworten? Welche Fallstricke lauern, wenn wir uns irren?

Ein dichotomes Schema: Individuum gegen Staat

Die Zeitalter der Moderne und der Postmoderne waren und sind durch eine zunehmend vereinfachte und stark zwiegespaltene Vorstellung menschlicher Existenz und Entwicklung geprägt. So teilt die bislang einfachste übergreifende Vorstellung menschlichen Seins den Menschen in zwei entgegengesetzte Pole: den des souveränen Individuums einerseits und den des gesichtslosen staatlichen Automaten andererseits.

Dabei wird die komplexe interne Hierarchie einer Person auf die Singularität des sogenannten autonomen liberalen Menschen reduziert. Dieser ist auf mysteriöse Weise mit ihm ureigenen Rechten ausgestattet und in seinem Wesen vom gesellschaftlichen Kontext abgekoppelt. Diese Schau auf den Einzelnen blendet allerdings viele wesentliche, sich gegenseitig bekriegende intrapsychische Elemente innerhalb des Individuums aus. All die unterschiedlichen Antriebe und Emotionen, physiologischen Subsysteme und die Vielzahl der zersplitterten psychologischen Komplexe, die jeder Mensch in sich trägt, kommen in ihr nicht vor.

Auch alle größeren gesellschaftlichen Bezugspunkte haben wir zerteilt: Das Paar, die Familie, die Nachbarschaft, der Arbeitsplatz, die Stadt, das Land und die Nation werden der Gesellschaft oder dem Staat zugeordnet und vom Individuum getrennt, ihm entweder entgegengesetzt oder übergeordnet. Es kommt dazu, dass jene, die gerne der Macht frönen, den Staat anpreisen, während solche, die sich der Laune verschreiben, das Individuum an erster Stelle sehen. Auf diese Weise zerlegen wir einen Menschen nicht nur in all seine Einzelteile, sondern schaffen außerdem eine künstliche Opposition zwischen dem Einzelnen und seiner Gruppe. Wer die Bedürfnisse dieses Einzelnen priorisiert, betrachtet seine sozialen Bindungen dann als dem Ruf der Freiheit zuwiderlaufend. Wem aber die Gesellschaft wichtiger ist, der nimmt individuelle Existenz an sich als ein Hindernis für die Schaffung des utopischen Kollektivs wahr.

Variationen des dichotomen Schemas
Zahlreiche erzählerische und philosophische Spielarten dieses Schemas der Spaltung durchdringen unsere Kultur. Das geschriebene Wort, die darstellenden Künste, ja, schon unser eigener Lebensstil – sie alle sprechen die Sprache dieses Narrativs. Da geht es mal um einen Helden, der erfolglos gegen staatliche Korruption ankämpft, und mal um einen Rebellen, der eine tyrannische Ordnung bezwingt. Und wir anderen lassen uns mitreißen davon, wie eine alte Welt vergeht und ein hypothetisches neues Paradies erschaffen wird.

Der unglückliche Protagonist in Franz Kafkas *Der Prozess,* der von einer kalten Bürokratie gefangen und gequält wird, steht in krassem Gegensatz zu Ayn Rands Figur des John Galt, der in *Der freie Mensch* über das faschistische Kollektiv triumphiert. Und Bertolt Brechts berühmtes Stück *Die Mutter* handelt von einer Frau, die sich zur Verwirklichung eines kommunistischen Gartens Eden von ihrem Privatleben, ihrer Ehe und ihrer Mutterrolle distanziert und abschottet. So modern solche Themen auch sein und erscheinen mögen, so sind sie doch gleichzeitig Ausläufer einer ähnlich gearteten literarischen Vergangenheit, die schon lange vor einer auf das Selbst bezogenen Begriffsgeschichte existierte.

In Buch V von Platons *Politeia (Der Staat)* zum Beispiel werden die Wächter der Stadt dieser schon vom Augenblick ihrer Geburt an unterstellt, zunächst zwar gezeugt von den besten Eltern, aber anschließend an den Staat übergeben. Sämtliche intermediäre Zugehörigkeiten, vom Privateigentum bis hin zu primären familiären Bindungen, werden hier zugunsten des singulären Kollektivs abgeschafft.

Die Hauptakteure und -autoren der europäischen Aufklärung entwickeln dieses Konfliktbild zwischen sich gegenseitig verstärkenden Gegensätzen weiter. Auch Thomas Hobbes zeichnet uns den Menschen als einen Kriegsschauplatz konkurrierender, zutiefst unsozialer und rein eigennütziger Triebe und Wünsche, die notwendigerweise einer repressiven staatlichen Kontrolle unterworfen sind. Dem gegenüber stellt John Locke das Individuum als rationalen, autonomen, sich selbst regelnden Akteur dar. Und auch Jean-Jacques Rousseau hält den Menschen für durch und durch gut, sofern er eben nicht durch den Staat korrumpiert wird.

Auch die metaphysischen Kämpfe der Gegenwart verlaufen entlang ähnlicher Muster: Wir können entweder die Rolle eines standhaften, souveränen, ja, libertären Helden bekleiden, der sich nicht von anderen Menschen abhängig macht. Oder aber wir nehmen die Identität eines glücklosen Opfers an, das zum Mündel eines totalisierenden Staates wird. Eines Staates, dem zur Erreichung seiner glorreichen Utopie jedes Mittel recht ist.

Der Kampf zwischen gegensätzlichen Mächten
Selbst wenn die Begriffe «Individuum» und «Staat» nicht klar definiert sind – wenn ersterer für jeden Menschen in jedem Entwicklungs- und Reifestadium gilt und letzterer unterschiedslos auf sämtliche über das Individuum hinausgehenden Organisationsebenen angewandt wird –, ist weiterhin eine tief greifende Dialektik am Werk. Sie bahnt sich ihren Weg durch die Zeit wie ein kraftvoller Motor, dessen zyklenhafte Zylinderbewegungen die Maschinerie der modernen Identität auf immer größere Extreme hintreiben.

Damit es in der Auseinandersetzung zwischen dem Individuum und dem Kollektiv am Ende einen Sieger geben kann, müsste eigentlich die Dualität zwischen Staat und Individuum überwunden werden. Welch eine Illusion. Auch ungeachtet der Thesen einer Ayn Rand ist es schlichtweg nicht möglich, das Gemeinwesen final auszulöschen – sei auch der Triumph des Individualismus noch so groß. Ebenso wenig kann der ideale, homogene Staat einfach den real existierenden Einzelnen auflösen. Nein, das tatsächliche Ergebnis des Konflikts

Damit es in der Auseinandersetzung zwischen dem Individuum und dem Kollektiv am Ende einen Sieger geben kann, müsste die Dualität zwischen Staat und Individuum überwunden werden. Welch eine Illusion.

ist nicht der Sieg der einen Seite, sondern die Verschärfung der schlimmsten Tendenzen von beiden.

Wie nun fördern und verstärken sich diese Gegensätze gegenseitig? Vom Standpunkt des Individuums aus betrachtet kann jede höhere Identität leicht als reine Tyrannei einer höheren Macht karikiert werden. Eine Tyrannei also, die es im Dienst der wahren Befreiung zu stürzen gilt. Das betrifft Ehe und Familie genauso wie privates Unternehmertum und religiöses Streben, ja, jedes erdenkliche Kollektiv. Es handelt sich dabei um eine «Selbstverwirklichung» ohne wahres Selbst.

Dieses Konzept ist mit zwei Falschannahmen behaftet: und zwar erstens mit der Vorstellung, dass Anarchie Freiheit sei. Und zweitens ist seinen Anhängern nicht bewusst, dass diese anarchische Freiheit in Wahrheit dem selbstzerstörerischen Verlangen gleichkommt, unsere Verpflichtungen einer impulsiven, triebgesteuerten und unreifen Verantwortungslosigkeit zu opfern.

Aus Sicht der Kollektivisten dagegen lassen sich sämtliche höheren Identitäten nur als unvollständige und korrupte Versionen des ultimativen homogenen Kollektivs darstellen. Sie sind daher Hindernisse, die es zu unterdrücken, zu zerschlagen, zu verteufeln oder auf andere Art zu zerstören gilt.

Die Kollektivisten stellen den Anarchisten die

Abschaffung der Ehe in Aussicht, die der freien Liebe den Weg ebnen soll; der Familie, die die Freiheit von reifer, erwachsener Verantwortung verspricht; der Arbeit, die eine Verteilung von Reichtum ohne Anstrengung verheißt; der Religion, die Befreiung von restriktivem Aberglauben bietet.

Auf diese Weise wird jeglicher Sinn zerstört, der einst in diesen intermediären Identitäten steckte. Die Bindung an den Staat hingegen wirkt auf einmal nicht nur ungemein verlockend, sondern auch alles verzehrend. Folglich wird eine ungezügelte, unverantwortliche, ja, narzisstische Vergnügungssucht zum Wegbereiter für Sklaverei im Namen des Staates. Ein wenig erinnert das an Pinocchios Vergnügungsinsel.

Eine allzu brutale und starre Gewaltanwendung auf der einen Seite der Dialektik führt also zu einer Kompensation auf der anderen. Es offenbart sich folgendes Paradoxon: Ein zu starkes Beharren auf der Autonomie des sich von Religion, Familie, Nation und anderen Formen sozialer Einheit loslösenden Individuums trägt letztlich eher zur Realwerdung des totalitären Staates bei. Der Staat ist es nämlich, der sich ausdehnt, um all die Zwischenrollen und -verantwortlichkeiten zu übernehmen, die das zu sehr auf sich selbst bezogene Individuum aufgibt. Und Individuen, die weitestgehend voneinan-

Ein zu starkes Beharren auf der Autonomie des sich von Religion, Familie, Nation und anderen Formen sozialer Einheit loslösenden Individuums trägt letztlich zur Realwerdung des totalen Staates bei.

der isoliert sind und keinerlei Bindung mehr an ihre intermediären Identitäten besitzen, eignen sich zunehmend als dankbare Zielscheiben für Versuche, das Kollektiv zu verallgemeinern.

Das Buch der Offenbarung und die Richtungswege der Zivilisation

Das biblische Buch der *Offenbarung des Johannes* enthält zahlreiche Bilder, die in dieser Hinsicht von Bedeutung sind. Diese erschließen sich in traumtypischer Manier dem Leser zwar oft nur schwer; dennoch lohnt sich der analytische Aufwand.

Schon einige sahen ja in diesem Buch eine prophetische Karte der Zukunft und brachten mit ihren Deutungen extreme Bewegungen hervor, deren Anführer und Anhänger sich letztlich in den Mysterien verrannten. Vielmehr ist das Buch als Abbildung eines universellen Schemas zu verstehen, das sowohl auf der innermenschlichen als auch der kollektiven Ebene Vergangenheit, Gegenwart und Zukunft prägt.

Das Tier und die Hure Babylon
Zwei markante Bilder in diesem visionären Werk stellen die beiden möglichen Entwicklungen unse-

rer Zivilisation dar. Das erste ist ein hybride Figur: ein großes siebenköpfiges scharlachrotes Tier, auf dessen Rücken die Mutter aller Prostituierten reitet. Dieses Tier steht für die Zivilisation und ihre Anführer, seine Farbe für die Erde und all das Blut, das auf ihr vergossen wird.

Die falsche Prinzessin oder Königin ist die Zügellosigkeit, die der totale Staat, wenn es ihn erst einmal gibt, seinen einstigen Bürgern anbietet. Das Tier ist ein Abbild falscher Hierarchie, eine Art lebendig gewordener Turm zu Babel. Es stellt den arroganten Staat bzw. König dar, dessen Vasallen auf totale Unterwerfung sinnen und jeden, ob er will oder nicht, mit dem Zeichen oder der Zahl des Tieres markieren.

Die große Prostituierte – die Hure Babylon –, die auf dem Rücken des Tieres reitet, ist die Bewohnerin der sogenannten «großen Stadt», in deren dunklen Gassen, Nebenstraßen und Bordellen sie die Menschen verführt. Die Prostituierte verkörpert die Zügellosigkeit des alten Roms. Sie stellt auch die Auflösung aller Zwänge dar, die mit einer sich selbst auflösenden Individualität einhergehen, und die Loslösung der Sexualität von den Vorgaben der Tradition. Sie steht für die Verbindung von Freiheit und Anonymität, wie es sie nur in der globalen totalen Stadt geben kann. Als Hure verkörpert sie alle

Begierden, Verstrickungen, Abwege und Fetische, die all jene kennzeichnen, die von übergeordneten Identitäten und Verpflichtungen vermeintlich befreit sind.

Sie ist die totale Versuchung, möglich gemacht durch den totalitären Staat. Ironischerweise, wenngleich auch unvermeidbar, wird die Prostituierte am Ende von der scharlachroten Bestie getötet: Indem der totalisierende Staat nicht nur die Freiheit selbst, sondern auch unsere Sehnsucht nach ihr auslöscht, lässt er uns weithin in dem Glauben, ihr Garant zu sein.

Ein Staat der absoluten Kontrolle
Bei dieser ebenso surrealen wie spannenden Legende handelt es sich um eine Schreckensvision, die wir als Warnung verstehen sollten: In ihr reißt der absolute Staat, der die Freiheit zum Ausleben jeder erdenklichen Laune verspricht, all jene Kräfte an sich, die frei werden, wenn es zur Aufgabe verantwortungsvollen Verhaltens kommt. Diese Macht aber nutzt er nicht zur Befreiung, sondern zur Versklavung.

Die Anbetung der impulsiven Eigenwilligkeit und die damit einhergehende Zerstörung der subsidiären Struktur ruft den «Staat der absoluten Kontrolle» auf den Plan, macht ihn möglich, ja, sogar

> Indem der totalisierende Staat
> nicht nur die Freiheit selbst, sondern
> vor allem unsere Sehnsucht nach
> ihr auslöscht, lässt er uns weithin
> in dem Glauben, ihr Garant zu sein.

notwendig. Einer muss schließlich die Scherben aufsammeln.

Dies ist also das Muster, das sich offenbart, wenn das Pendel ausschlägt und der Hedonismus der Weimarer Republik in das totalitäre Dritte Reich umschlägt oder wenn aus dem Anarchismus der Französischen Revolution das zentralistische napoleonische Kaiserreich wird.

Die gleiche Dynamik war während der Corona-Pandemie zu beobachten, bei der es sich im wahrsten Sinne des Wortes um eine Plage des Autoritarismus handelte. Unsere individualistischen und vermeintlich freien Gesellschaften ordneten sich in Windeseile zu einem rigiden und umfassenden Totalitarismus um. Alle, die sich dagegen aussprachen, wurden verteufelt, bestraft, geächtet und ausgegrenzt. Die Mehrheit jedoch machte begeistert mit und ergriff gerne die Möglichkeit, einmal mit dem moralisch erhobenen Zeigefinger die eigenen Nachbarn zu verpfeifen.

In solchen Momenten zeigt sich die Beziehung zwischen der von Begehren gesteuerten Hure Babylon aus der *Offenbarung des Johannes* und dem zunehmend alles versprechenden Staat, der sich nur allzu leicht in sein mit Springerstiefeln und Uniform bekleidetes Gegenteil verwandelt. Und nicht wenige Anhänger von so manchen Subkulturen, die durch lautstarke, pathologisch impulsive Eigenwilligkeit und antiautoritären Individualismus bekannt sind, würden im Urwald keine Sekunde lang bestehen. Sie repräsentieren das ewige Kind der in sich zersplitterten Technologiegesellschaft, den Nutznießer und Säugling des Staates, der sogleich Mutter- und Vaterfigur ist. Dieser steht für die verschlingenden Eltern, die dem Kind, wenn auch nur vorübergehend, seine selbstsüchtigen Wünsche ermöglichen.

Das neue Jerusalem
Das zweite Bild der Zivilisation im Buch der *Offenbarung des Johannes* ist zugleich die letzte biblische Vision. Die Art und Weise, wie der Konflikt zwischen Individuum und Gesellschaft in diesem Bild gelöst wird, ist vielleicht das beste literarische Beispiel für eine differenzierte und vielschichtige Identität.

Die Leser der *Offenbarung* sehen eine große Stadt vor sich, das neue Jerusalem, eine Stadt des Friedens, die vom Himmel herabkommt und auf das höchste Gut, Gott selbst, ausgerichtet ist. Die Stadt ist auf einem Berg errichtet, mit einem Baum und einem Fluss in der Mitte – Kultur und natürliche Welt befinden sich in geordnetem Gleichgewicht. Es braucht keine Sonne, denn das Licht

Gottes erfüllt die Stadt. Da gibt es auch keine Konkurrenz und keinen Konflikt, denn die gesamte Wirklichkeit fügt sich harmonisch in ihre Straßen, Gassen und Wege ein.

Es heißt über die Stadt: «Andere Völker werden von diesem Licht angezogen, ihre Könige eilen herbei, um den strahlenden Glanz zu sehen, der über dir aufgegangen ist.»[4] Die Nationen der Welt werden also nicht abgeschafft, wenn das himmlische Jerusalem erscheint. Vielmehr finden sie ihren angemessenen Platz in der hierarchischen Beziehung zur unangefochten höchsten Essenz überhaupt; sie dienen und opfern diesem notwendigerweise übernatürlichen Gut, dem Licht Gottes, welches sie die Wahrheit erkennen lässt.

Dies mag manchen als zweifelhafte Mythologie erscheinen. Tatsächlich handelt es sich bei dem Bild der himmlischen Stadt jedoch um die ultimative Darstellung des Höchsten in strukturierter Harmonie. Es ist eine Vision der Wirklichkeit, wie sie sich einstellen könnte, wenn alles Existente seinen richtigen Platz fände, diesem Höchsten diente und sich letztlich in einem transzendenten Ganzen vereinte.

Es stehen also zwei Entwicklungen in direkter Verbindung miteinander. Da ist zum einen das Maß, in dem ein verantwortungsloses, ja, narzisstisches Individuum die Zugehörigkeit zu seinen intermediären und übergeordneten Identitäten aufgibt. Dies führt zur Zerstörung dieser Ebenen des Seins.

Im selben Maß erstarkt auf der anderen Seite die Macht des Staates. Irgendwann befriedigt nicht einmal der umfassende Nationalstaat mehr den Appetit derer, die das Kollektiv anbeten. Einst verbot Napoleon die Dialekte und Gebräuche der Provinzen, um überall «La Grande Nation» zu etablieren. Heute wird die bloße Idee eines französischen Nationalstaats als etwas Anachronistisches, Patriarchalisches, Einschränkendes und Kontraproduktives dargestellt, als etwas, das es im Namen der globalen Nachhaltigkeit ganz zu überwinden gilt.

Vom exzessiven Individualismus zum kollektiven Totalitarismus

Diese Dialektik beschreibt, wie ein zügelloser Individualismus dem kollektivistischen Totalitarismus Vorschub leistet. Sie tritt am präzisesten und gleichzeitig subtilsten dort auf, wo die entgegengesetzte Bewegung sich bereits zu vollziehen scheint.

An einem Beispiel wird dies deutlich. Es geht

Ein zügelloser Individualismus leistet dem kollektivistischen Totalitarismus Vorschub.

um die Situation, in der Menschen scheinbar versuchen, ihre intermediären Identitäten gegen staatliche Übergriffe zu verteidigen. Sie wollen dabei ihre privaten Vereine, Unternehmen, religiösen Einrichtungen und Überzeugungen vor übergeordneten kollektiven Einschränkungen schützen. So berufen sie sich lautstark auf Individualrechte, auf Versammlungs-, Gewissens-, Religions- und Redefreiheit. Dabei merken sie gar nicht, dass sie mit dem Verweis auf ihre autonome Individualität zur Rechtfertigung für die anderen Identitätsebenen diesen Institutionen jeglichen Anspruch auf eine gültige Existenz aus eigenem Recht absprechen.

Das Ergebnis dieses Denkfehlers ist von gleich doppelter Bedeutung. Denn einerseits erhält die Zersplitterung der Gesellschaft weiteren Auftrieb. Der Staat aber, der behauptet, die Individualrechte würden dem Einzelnen lediglich vom Kollektiv gewährt und besäßen selbst keine intrinsische oder «metaphysische» Realität, reißt immer mehr Macht an sich.

Vielleicht war die Verschärfung dieser Dialektik im Gefolge der Aufklärung und der Jahrhunderte seit Hobbes, Locke und Rousseau unvermeidlich. Und auch die langsame, aber anhaltende Erosion unserer intermediären Identitätsstrukturen beobachten wir schon länger. Diese Erosion führt zu Kompensationsmaßnahmen, nämlich der Ausdehnung umfassender Bürokratien. Deren falsches Versprechen an uns ist die Verwaltung eines großen Meeres scheinbar freier Individuen. Was wir dabei nicht bemerken: All diese sogenannten freien Menschen ertrinken schon längst in Anonymität, Angst und einsamer Hoffnungslosigkeit.

Die Technologie beschleunigt
die Fragmentierung des Individuums
Fortschreitende technologische Entwicklungen beschleunigen diesen Prozess weiter. Zunehmend werden Social-Media-Plattformen nicht von Familien oder freiwilligen Vereinigungen jeglicher Art genutzt, sondern von gespaltenen Persönlichkeiten, die mehr und mehr der diktatorischen Willkür riesiger Konzerne ausgeliefert sind. Diese versprachen ursprünglich, den öffentlichen Raum zu demokratisieren und jedem eine Stimme zu geben. Bald schon begannen sie jedoch damit, private Daten zu sammeln und tief in die Grenzen des weithin sichtbaren digitalen Selbst vorzudringen. Hinzu kommt, dass diese Konzerne gänzlich willkürliche und oft unsichtbare Kommunikationsbeschränkungen verhängen, die an Gefährlichkeit alles übertreffen, was sich selbst Pessimisten wie

Aldous Huxley und George Orwell nur erträumen konnten.

Mit verstörender Geschwindigkeit griff dann auch gleich der Staat ein, um zu regulieren, was die Unternehmen wissentlich oder unwissentlich unangetastet gelassen hatten. Das daraus resultierende autoritäre, die Freiheit bedrohende Zusammenspiel zwischen Privatwirtschaft und Staat hat sich in einer Weise verwirklicht, die neuartig, umfassend und unheilvoll zugleich ist. Sein Potenzial haben wir während der psychogenen Covid-Epidemie in ganzer Tragweite erlebt, als das von Marshall McLuhan vorhergesagte globale Dorf sich vielmehr in Gestalt des globalen Leviathans zeigte.

Nun ist Zensur natürlich nichts Neues. Schon immer hat es in der Ehe, in der Familie und auch in der Gesellschaft den Druck gegeben, bestimmte Dinge zu tun und zu lassen. Jeder Mensch kennt auch den Druck, die eigenen Gedanken, gesprochenen Worte und Taten in einen Rahmen konventioneller Akzeptanz einzufügen.

Dabei ist es gar nicht so einfach, diesen Druck gänzlich von einem angemessen Sozialverhalten zu differenzieren. Denn schon seit jeher bedienen wir uns unterschiedlich strenger Methoden, um uns gegenseitig von der schiefen Bahn abzuhalten. Solche Maßnahmen reichen vom strengen Blick eines

Elternteils und dem falschen Lächeln des Freundes bis hin zur Kündigung der Freundschaft oder gar zur öffentlichen Ächtung und Exkommunikation. Dieselben Methoden werden jedoch auch dazu missbraucht, Unwahrheiten zu verbreiten oder Menschen dazu zu zwingen, etwas Falsches zu tun.

Mit der Erosion intermediärer sozialer Strukturen ist diese regulierende Rolle jedoch auf die oft schattenhaften kollektivistischen Bürokraten der technologischen Welt übergegangen, die ebenso anonyme, fragmentierte und manchmal sogar völlig künstliche individuelle Teilnehmer zensieren.

Und weil differenzierte kollektive Identität Mangelware geworden ist, sehen es jetzt die Online-Plattformen und Regierungen als ihre Aufgabe an, die Exzesse der Menschen zu zügeln, wofür sie sich oftmals auf unsichtbare Weise zusammenschließen.

Diese Neigung wird noch verstärkt, wenn Zusammenarbeit und Zensur im Dienste einer bestimmten politischen Ideologie erfolgen – so wie in den letzten Jahrzehnten bereits geschehen. Erst recht gefährlich wird es, wenn diese Ideologie dann ausdrücklich darauf abzielt, genau jene Fragmentierung und Anonymisierung zu fördern, die durch die Technologie erst möglich wurde.[5]

Der absolute Staat verdrängt
die individuelle Identität

Um es noch einmal zu sagen: Wenn sich der Leviathan immer weiter ausbreitet und staatsähnliche Strukturen zunehmend als einziger Gegenpol zum Individuum gelten, führt dies zur Radikalisierung beider Pole. Hier wird das Individuum einer immer noch eigenwilligeren Fragmentierung ausgesetzt, während der Staat und seine Ausläufer sich die Dinge gänzlich zu eigen machen. Mit den *Dingen* sind nicht nur der Einzelne und seine Eigenwilligkeiten gemeint, sondern auch sein gesamtes Umfeld. Gerechtfertigt wird all dies freilich mit der Notwendigkeit, sowohl jetzt als auch in Zukunft für Schutz und Sicherheit zu sorgen – und natürlich für die sogenannte nachhaltige Entwicklung.

Die Verwirklichung dieser Expansion wäre noch vor ein oder zwei Generationen undenkbar gewesen. Heute ist die Idee fast normal, dass der Staat nicht nur die gesellschaftliche Steuerung individuellen Tuns und Wahrnehmens kontrolliert, sondern sich auch in die Prozesse einmischt, innerhalb derer gesellschaftliche Systeme überhaupt funktionieren.

Nur im Kontext dieses allumfassenden Staates ist das auf den ersten Blick fast paradoxe Bekenntnis der Politiker zu absoluter Vielfalt und Offenheit zu verstehen. Nehmen wir Staatsmänner wie Justin Trudeau, den Premierminister Kanadas, der unlängst betonte, seine eigene Nation sei «post-national»[6].

Eine solche Aussage ergibt sich aus der Neigung vieler Entscheidungsträger, über Begriffe wie Inklusion, Vielfalt und Gleichberechtigung eine neue soziale Identität zu erschaffen. Was sich zunächst als Mitgefühl ausgibt, ist in Wirklichkeit der Schlund des Leviathans, der sich öffnet, um alles zu verschlingen. Eine Nation auf Vielfalt und Offenheit zu reduzieren, bedeutet letzten Endes, sie zu zerstören, denn Vielfalt ohne Einheit kann nur Auflösung bedeuten.

Unsere Interpretation der Melodie ändert sich aber, wenn wir erkennen, auf welch ein System wir uns da zubewegen. Der Meta-Staat, in dem alles enthalten ist, verlangt nämlich, dass sich alle miteinander konkurrierenden Identitäten in ihm auflösen, einschließlich die der Nationen.

Der Kampf des Globalismus wird als Kampf gegen intermediäre Identitäten wie die der Nation, des Geschlechts, der Familie und der Religion geführt, weil diese dem freien Individuum angeblich im Weg stehen. Letztlich wird jedoch diese sogenannte Souveränität des Individuums durch dieselben Prozesse, durch die sie entstanden ist, vom Leviathan aufgefressen, und die angeblich radikale Freiheit verwandelt sich in totalitäre Kontrolle.

Eine Nation auf Vielfalt und Offenheit zu reduzieren, bedeutet letzten Endes, sie zu zerstören, denn Vielfalt ohne Einheit kann nur Auflösung bedeuten.

*Identität kann und sollte fraktal
interpretiert werden*

Neben der bereits dargelegten Dialektik zwischen Individuum und Staat gibt es eine weitere Denkfigur, die sowohl im westlichen Denken als auch in vielen anderen traditionellen Gesellschaften tief verankert ist: die des Mikro- und Makrokosmos. Diese Sichtweise findet sich in den frühen hermetischen und neuplatonischen Schriften, sie begleitet außerdem die christlichen Mystiker von Paulus bis Meister Eckhart. Das Individuum versteht sich in ihr gleichermaßen als aktive Repräsentation wie auch als teilnehmendes Subjekt der kosmischen Ordnung – und sogar dessen, der diesen Kosmos erschaffen hat, also Gott selbst. Die Idee vom Einzelnen als eine in sich homogene Einheit, die nur im Gegensatz oder in der Konkurrenz zur übergeordneten sozialen Ordnung zu verstehen ist, kann demzufolge gänzlich ad acta gelegt werden.

Wenn ein großer Mystiker wie der heilige Isaak von Ninive (etwa 630–700 n. Chr.) verkündet: «Sei eifrig bemüht, in die dir innewohnende Schatzkammer einzudringen, dann wirst du das sehen, was im Himmel ist. Denn das Erste und das Zweite sind eins, und wenn du eintrittst, wirst du beides sehen»[7], so ist das weit mehr als nur eine Art Tipp für ein geistliches Leben. Der heilige Isaak sieht das Individuum nicht als Einheit, die sich der allgemeinen gesellschaftlichen Ordnung widersetzt, mit ihr konkurriert oder gar von ihr gesteuert, sozialisiert oder eingeengt wird. Nein, für ihn ist der Einzelne wie ein Spiegel, der diese höhere Ordnung reflektiert und auf diesem Weg zur eigenen Ordnung findet.

«Das Untere ist gleich dem Oberen», heißt es auf der hermetischen *Tabula Smaragdina*. Identität ist fraktal, sich selbst ähnlich und in verschiedene Ebenen unterteilt, von denen sich alle gegenseitig reflektieren. Wenn Paulus die Kirche als den Leib Christi beschreibt, betritt auch er die Domäne der fraktalen Begrifflichkeit und vermittelt zwischen Makrokosmos und Mikrokosmos auf eine Weise, die keine bloße literarische Floskel ist. Und auch wir verwenden, wenn wir vom Oberhaupt einer Stadt oder eines Unternehmens, von einem Gesetzesorgan oder einer rechtlichen Körperschaft sprechen, wie Paulus die Figur einer fraktalen Identität oder Wirklichkeit. Es ist der Versuch, unsere Teilnahme an der Wirklichkeit zu beschreiben.

Eine fraktale Vision der Identität
Die Menschen der Antike nahmen den Gedanken von Mikro- und Makrokosmos zunächst nur dualistisch wahr. Die Idee als solche lässt sich aber auf die Gesamtheit aller Objekte und Systeme erweitern.

Alle Arten des Seins, alle Identitäten sind als Mikrokosmen zu verstehen, die an größeren Makrokosmen teilnehmen. Diese Makrokosmen sind ihrerseits auch wieder Mikrokosmen, und zwar in ebenjenen höheren Gefügen, an denen sie selbst teilhaben.

Dieses fraktale, in sich mehrfach gegliederte Prisma der Identität gilt nicht nur für Menschen und deren übergeordnete Gruppen, sondern für sämtliche Identitäten und Identitätsebenen. Alles, was erkannt werden kann, besteht zwangsläufig aus subsidiären Teilen oder zumindest aus mehreren Merkmalen, die in Funktion und Ziel vereint sind. Selbst gewöhnliche «Objekte» werden ebenso sehr durch ihren Kontext, der ihre Funktion mit einschließt, wie durch die Summe ihrer Teile definiert.

Ein Trinkglas, das auf einem Tisch steht, zum Beispiel, ist Teil einer Mahlzeit und Teil der Familie, die sich dort zum Essen versammelt. Es hat auch Anteil am Brauch der Gastfreundschaft und sogar an dem grundlegenden biologischen Instinkt des Menschen, seine Nahrung mit anderen zu teilen – ein einzigartiges Vorkommnis in der natürlichen Welt.

Das Glas ist Teil eines Aktes, der etwas mit dem elementaren Ethos der Gegenseitigkeit zu tun hat.

Es nimmt also eine ähnliche Rolle ein wie ein Aufsatz oder ein Kapitel in einem Buch. Auch hier achtet der Leser gleichzeitig auf die Buchstaben, Worte, Wendungen und Absätze im gesamten Text und setzt diese in Beziehung zueinander und zu allen anderen Formen des Wissens, das ihm bereits zur Verfügung steht und gegenwärtig ist.

Einheit und Vielfalt
All dies gilt für jegliche Wahrnehmung, und echte Wahrnehmung nimmt stets mehr als nur ein wertloses Objekt in den Blick. Einheit – sinnvolle Wesenhaftigkeit – und Vielfältigkeit definieren sich gegenseitig. Die Teile des Ganzen sind Bausteine dessen, woran sie auf einer höheren Ebene teilhaben. Gleichzeitig besitzen sie eine der jeweiligen Identitätsebene angepasste spezifische Realität, die auf dieselbe Weise definiert ist.

Eine solche in sich geschachtelte Identität ist zum Beispiel ein wesentliches Merkmal von Unternehmenshierarchien. Die zahlreichen Führungskräfte, die eine solche Organisation mit sich bringt, sind alle Leiter und Repräsentanten ihrer jeweiligen Abteilungen, die dem übergeordneten Leiter des gesamten Unternehmens, dem CEO, unterstellt sind.

Sogar das englische Wort «corporate», das sich vom lateinischen *corpus,* also Körper, ableitet, spiegelt diese fraktale Begrifflichkeit unmittelbar wider: Das Unternehmen ist eine kollektive Körperschaft und wird auch juristisch als solche behandelt. Die Gesetze regeln das Verhältnis zwischen Individuen, anderen Körperschaften und den übergeordneten sozialen Strukturen, also den Staaten, zu denen sie gehören. Auch die innere Ordnung eines Individuums spiegelt sich so in den es umgebenden sozialen Strukturen wider.

Diese Kaskade fraktaler Beziehungen ist ein fester Bestandteil unseres Lebens. Wir alle sind in Freundschaften, Familien, Vereine, Kirchen, Sportklubs, Projekte und Unternehmen eingebunden und nehmen gleichzeitig am Leben von Städten, Ländern und Staaten teil. Auf jeder erkennbaren Ebene des Seins begegnen wir solchen Vereinigungen der Vielfalt, die sich immer und immer wieder reproduzieren und neu zusammensetzen.

In der Beziehungsdynamik zwischen dem Ganzen und seinen Teilen sind Einheit und Identität weder eine Zufallserscheinung noch eine Art bürokratische Angelegenheit, welche in willkürlicher Machtausübung einfach per Dekret angeordnet wird. Ebenso wenig entstehen sie durch Festlegung beliebiger Grenzen oder durch bloße Teilhabe ein und desselben geografischen Raums. Zwei Menschen, die sich im selben Gebiet aufhalten, können sich jeweils um ihre privaten Angelegenheiten kümmern und sich gegenseitig ignorieren, oder aber sie können einen erbitterten Krieg gegeneinander führen. Das gemeinsame Bewohnen eines bestimmten Raums reicht also nicht dazu aus, um eine gemeinsame Identität zu stiften.

Einheit entsteht, wenn man sich auf einen gemeinsamen Punkt konzentriert, einen gemeinsamen Zweck oder gemeinsame Ziele festlegt und eine gemeinsame Herkunft oder Geschichte hat. All dies sind Vektoren der Identität. Sich an der Einheit zu beteiligen, bedeutet, zu ihren Gunsten einen Aspekt der Vielfältigkeit zu opfern. Es muss einen Austausch des Wollens und Strebens geben zwischen dem Individuum und seinem Kollektiv.

Kollektive Identität muss sich einprägen
Für jede kollektive Identität muss es außerdem eine Prägung geben, die uns befähigt, ihrer Wegweisung Folge zu leisten. Diese Prägung ist der Sinn des Kollektivs, die Richtung, der seine Aufmerksamkeit folgt, das Ziel der Reise, der Zweck der Anstrengung, das Ziel, dem geopfert wird, und die Moral der Geschichte.

Dieser übergeordnete Zweck, der alle höhergestellten Ebenen einer fraktalen Hierarchie in sich vereint, dient auch als Richtschnur für die unteren

> Einheit entsteht, wenn man sich auf einen gemeinsamen Punkt konzentriert, einen gemeinsamen Zweck oder gemeinsame Ziele festlegt und eine gemeinsame Herkunft oder Geschichte hat.

Ebenen, um deren Tauglichkeit für das übergeordnete Ziel zu beurteilen. So müssen wir sogar in unserer persönlichen Erfahrung stets unterscheiden zwischen einem Gedanken oder Akt, der mit dem aktuellen Zweck übereinstimmt, dem er gewidmet ist, und einer Versuchung, die in die Irre führt, ablenkt oder korrumpiert.

Wenn ich versuche, meine Briefmarkensammlung zu ordnen, während ich mein Haus streiche, werde ich weder dem einen noch dem anderen Ziel gerecht. Ein Kind, das Fangen spielen will, interessiert sich gerade nicht für Schach. Jemand, der Fußball spielt, wird Chaos stiften, wenn er sich plötzlich in einem Basketballspiel wiederfindet. Aus ähnlichen Gründen muss ein Gewaltverbrecher eingesperrt und damit ausgegrenzt und marginalisiert werden, um zu verhindern, dass seine reine Selbstsucht die Ziele und Funktion der breiteren Gesellschaft stört.

Einheit als gemeinschaftliches Gut
Wir sollten diesen vereinenden Bezugspunkt der Aufmerksamkeit – eine Identität, welche die Vielfalt zu einen vermag – als ein gemeinsames Gut begreifen. Bei diesem Gut geht es nicht um die Einhaltung von Regeln oder um die Idee von Moral, die sich aus bloßem Gehorsam speist, sondern um eine im Idealfall freiwillige Zweckbindung. Denn damit

wird dieses *Telos,* das Ziel, auf das sich alles hinbewegt, sowohl zum Vektor der Gemeinsamkeit als auch zur Entscheidungsinstanz über die Einbeziehung eines jeweiligen Individuums in diese Gemeinsamkeit.

Es sind demnach das Wesen des Basketballspiels, seine Regeln und der Modus, der Fortschritt, Leistung und Sieg einer Mannschaft beurteilt, die aus einer Mannschaft eine Basketballmannschaft machen und explizit keine Fußballmannschaft. Weil sich jedes Urteil an eine Zweckbestimmung anpassen muss, wird dieselbe Identität zum Grund, bestimmte Verhaltensweisen und Personen auszuschließen, die nicht im Einklang mit dem Spiel stehen. Es rücken deshalb auch weniger begabte oder auch nachlässigere Spieler, deren Leistung nicht zum gemeinsam Ziel passt, nicht an die Spitze vor. Dasselbe gilt für diejenigen, deren Aufmerksamkeit oder Verhalten anderweitig ausgerichtet sind – auf ein anderes Spiel etwa oder einen chaotischen Lebensstil. Zusätzlich bindet eine gemeinsame Identität ihre Angehörigen auch in verschiedene Formen impliziter oder expliziter Rituale ein, wie man sie etwa im Teilen von Bildern, Geschichten und Erinnerungen praktiziert. Nicht zuletzt dient auch ein gemeinsamer Name zur Erhaltung der Gruppenidentität.

Ebenso kommen Rituale in ehrenamtlichen Tätigkeiten, generellen Loyalitätsbekundungen, Treueschwüren und Vertragsunterzeichnungen zum Ausdruck. Zuweilen erfolgt der Anstoß für ein neues Ritual auch aus der Mitte einer Gruppe selbst. Dann besteht es in der Selektion, dem Anwerben, Einweihen, Einziehen oder Benennen neuer Mitglieder. Dies ist bei der Bildung einer Mannschaft genauso der Fall wie in einer Ehe oder bei einem Geschäftsabschluss. Es gilt auch für die Geburt in eine Familie, ein Land oder eine religiöse Tradition.

Hierarchien und Bahnen der Identität
Wenn sich ein Prozess der fraktalen Identitätsbildung entfaltet, fügen sich Individuen in Familien und Freundschaftsnetzwerke ein, die ihrerseits zu Teams, Kirchen, Kulturkreisen, Städten, Staaten und Nationen gehören. Einige dieser Identitäten sind staatsähnlich und bilden strenge Hierarchien – Bezirke etwa, die innerhalb einer Stadt existieren. Andere verlaufen parallel zueinander, wie zum Beispiel die verschiedenen Sportklubs örtlicher und nationaler Ligen neben den Klein- und Großunternehmen eines Landes. Solche Hierarchien und Identitätsbahnen sind ihrerseits Teil einer Ordnung größerer moralischer und religiöser Wertevorstel-

lungen. Und diese sind ausgerichtet auf die allerhöchsten menschlichen Ziele.

Es ist natürlich möglich, dass untergeordnete Identitäten mit den darüberliegenden, übergeordneten Strukturen konkurrieren. Wenn ein potenzielles Teammitglied zu undiszipliniert ist, um sich angemessen zu beteiligen, können seine falschen Prioritäten die Funktion des gesamten Teams schwächen. Wenn ein Mannschaftskapitän allzu tyrannisch agiert, stellen seine Spieler vielleicht fest, dass ihre Teilnahme mit ihren anderen Identitäten als Freunde, Ehemänner, Väter oder sogar als moralisch Handelnde in Konflikt gerät.

Unter optimalen Umständen jedoch, wenn die Teilnahme auf jeder Ebene freiwillig ist und die Feinheiten der Zusammenarbeit stimmen, können sämtliche Stufen, auf denen eine bestimmte Person ihre Identität aufrechterhält, ein erstrebenswertes Gleichgewicht finden. So kommt es nicht nur zu einem Rückgang innerer Ängste, sondern auch zu einem Wachstum an Hoffnung und vorwärtsgerichteter Motivation.

Die Harmonie sämtlicher Identitätsebenen
Als moderne Menschen neigen wir dazu, diesen Idealzustand der Funktionen als Folge der Freiheit von Zwängen, einer individualistischen Selbstver-

wirklichung oder einer aus liberalem Denken gespeisten sogenannten psychischen Gesundheit zu sehen. Viel richtiger und vollständiger ist er jedoch als die Harmonie aller Identitätsebenen zu verstehen, die gemeinsam funktionieren und sich gegenseitig unterstützen; eher vergleichbar mit der Musik, die entsteht, wenn sämtliche Stimmen eines Orchesters zusammenspielen und all ihre unterschiedlichen Identitäten zur vereinenden Gemeinsamkeit der Partitur zusammenführen.

Es sei auch darauf hingewiesen, dass es sich bei dieser Beschreibung von Identität nicht einfach um einen Sachverhalt handelt. Zu sehr unterscheidet sie sich von einer nüchternen, auf ihre materiellen Bestandteile reduzierten Beschreibung der Welt und ihrer seichten, angeblich objektiven Realität – als ob man diese erklimmen könnte wie ein Insekt, das sich seinen Weg durch den Kies bahnt. Identität ist eine Skala von Beziehungen, die in einem übergeordneten Bund gipfelt. Und das Leben ist eine Reihe von Verhandlungen, bis hin zu den obersten Stufen der Jakobsleiter. Es besteht in der endlosen Aneinanderreihung verschiedener Opfer, die wir bringen müssen. Man könnte auch sagen, es ist eine Abfolge von Wenn-dann-Sätzen, ein Handel zwischen den verschiedenen Teilen des gegenwärtigen und des zukünftigen Ichs, den Menschen auf allen

Identität ist eine Skala von Beziehungen, die in einem übergeordneten Bund gipfelt.

Ebenen der Gesellschaft, den unterschiedlichen Ebenen des Seins und schließlich dem Geist, der das Ganze sowohl regiert als auch durchdringt.

Die «himmlische Hierarchie» von Gütern
Identitäten und die Güter, die sie repräsentieren, können nach unten leiten und in Vergessenheit geraten, uns aber auch nach oben führen, zu immer höheren und ganzheitlich entwickelten Formen des Seins. Dahin, wo die Hierarchien der Aufmerksamkeit und die Prioritäten unseres Handelns ihre höchste Erfüllung erfahren. Diese Erkenntnis der sogenannten «großen Kette des Seins» hatten bereits die Philosophen, Theologen und Mystiker. Und von ihnen lernen auch wir, Gott als das eigentliche *Summum Bonum,* den Gipfel oder die Einheit alles Guten, als den Grund des Seins und die Quelle des Werdens zu postulieren.

Über eine solche himmlische Hierarchieleiter von Gütern und Tugenden steigt Dante in der *Göttlichen Komödie* auf, um den Ursprung des Guten zu entdecken. Auch die christliche Dreifaltigkeit lässt sich fraktal formulieren: ein Gott, ewig eins und ewig drei, die unendliche Quelle des einen und der vielen.

Die fraktale Identität reicht von unten nach oben. Sie ist wie Yggdrasil, der ewige Baum des Lebens, dessen Wurzeln bis in die tiefsten und unsichtbarsten mikrokosmischen Bereiche hineinreichen und dessen Äste sich bis in die makrokosmischen Höhen erheben. Die Quelle des großen Baumes ist definitionsgemäß Gott. Er ist auch die Wurzel aller Handlungsvorgaben und der Maßstab, an dem alle subsidiären Formen der Identität zu messen sind.

Zentrum und Randbereiche der verschiedenen Seinsformen

Zur jeder Seinsform gehören auch bestimmte Fremdkörper, die sich in ihren Randbereichen ansiedeln. In solchen Randbereichen gibt es Räume der Mehrdeutigkeit, damit das, was nicht ganz hineinpasst, trotzdem existieren, seinen Platz einnehmen und sogar eine Funktion haben kann.

Man stelle sich folgende Szene in einem alten Western vor, in der ein Fremder in die Stadt kommt. Sofort fragen sich die Umstehenden: Wer ist das? Was macht der hier? Wie passt er in unsere Geschichte und Gegenwart? Welche Identität wird er annehmen oder bekommen? Der Fremde ist also die Ausnahme, er stellt das Unbekannte, das Ungewöhnliche, ja, sogar das Ungeheuerliche dar.

Eine gut funktionierende Kategorie besteht also aus einem Ideal und einem diese Hochform umge-

Gott ist die Wurzel aller Handlungsvorgaben und der Maßstab,
an dem alle subsidiären Formen
der Identität zu messen sind.

benden Halbschatten zunehmender Abweichung. Alles kann so seinen Platz finden, ohne dabei seine Kategorie, also das Ideal oder die von ihm abweichende Ausnahme, zu zerstören. Man sagt ja auch: Ausnahmen bestätigen – will eigentlich heißen: sie prüfen – die Regel.

Ein Blick auf den Zustand der Schöpfung macht dies deutlich. Die Schöpfung kennt weder Mangel an Vielfalt noch an Abwandlung der Norm. Und unsere Welt wimmelt von ineinander verschachtelten und aufeinander einwirkenden Ebenen des Seins, die sich alle in den Teppich unserer Erfahrung einweben. Innerhalb genau dieser gewebten Struktur, die unsichtbar ihren Zweck, ihre Identität und ihre Vorhersehbarkeit bewahrt, ist es oft die Ausnahme, die den Beweis für ein bis dahin unentdecktes Muster ankündigt.

Erst wenn das, was nicht passt, uns ins Auge springt, bemerken wir eine Art Vorhersehbarkeit, die wir zuvor für selbstverständlich hielten und gegen die sich diese Ausnahme nun stellt. In dieser Weise kann uns die Wahrnehmung dessen, was nicht ganz stimmt, ein Muster offenbaren, an welchem wir noch bis vor Kurzem wie selbstverständlich teilhatten. Vielleicht macht uns die Unregelmäßigkeit aber auch die Unvollkommenheit des bisherigen Schemas bewusst, oder sie zeigt uns auf, dass es nicht als absolut zu verstehen ist, sondern nur dem momentanen Kontext angepasst ist. Durch die Unvollkommenheit der Zeitlichkeit sind wir ja auch imstande, die Vollkommenheit Gottes, des Höchsten und Unendlichen, zu erwarten.

Um es mit dem Philosophen Kurt Friedrich Gödel zu halten: Die Dinge können nicht gleichzeitig widerspruchsfrei und vollständig sein. Zusammenhänge und ihre Muster müssen zwar stets Hierarchien von Teilnahme bilden, dabei aber auch Überbleibsel und Ausnahmen hinterlassen. Jede Vollständigkeit dagegen muss auch solche Beispiele enthalten, die für das Ideal untypisch sind, die das übergeordnete Schema einem Test unterziehen und möglicherweise sogar seine Identität selbst untergraben, besonders wenn diese nicht angemessen zentriert ist.

Das Auf und Ab der Identitäten

In einer Welt voll ineinandergeschachtelter fraktaler Identitäten sind deren Grenzbereiche allmählicher Verwässerung, Vermischung und Hybridität ausgesetzt. Die Tatsache dieser Fremdartigkeit – also der Existenz dessen, was nicht passt – widerspricht jedoch nicht unbedingt der Existenz oder der Wertigkeit der Kategorie und Kategorisierung als solchen. Vielmehr müssen wir hier die Komplexität unserer Welt zugrunde legen. Es ist nicht alles auf der Welt Existente in einzelnen Kategorien zu erfassen, erst recht nicht, wenn es zusätzlich an hierarchischer Begrifflichkeit fehlt. Daher ist der Grenzbereich, in dem verschiedene Kategorien aufeinandertreffen, als ein Ort der Ungewissheit und Unbestimmtheit, eine Peripherie und als ein Land abseits der Normalität zu begreifen.

Diese Unbestimmtheit ist aber kein Beweis für eine mangelnde Anwendbarkeit, Nutzbarkeit oder Notwendigkeit der Kategorie an sich, sondern im Gegenteil notwendig, damit sie als Gattung überhaupt überleben kann. Dasselbe gilt für das im Zentrum der Kategorie stehende Ideal. Denn es mag die Vollkommenheit noch so unerreichbar sein, sie wird doch den Status als Brennpunkt individueller und gemeinsamer Aufmerksamkeit behalten und selbst dann Ziel allen Handelns bleiben, wenn sie sich unserem Zugriff immer wieder entzieht.

Wir alle leben im Angesicht der Unwahrheit, mal mehr und mal weniger. Und dennoch verzichten wir deshalb nicht auf die Idee und das Streben nach der Wahrheit. Vielfach sind es traditionelle Gesellschaften, in denen folgende Einsicht bereits tiefen Einzug gefunden hat: dass es darum geht, dem Ideal zwar

Wir alle leben im Angesicht der Unwahrheit, mal mehr und mal weniger. Und dennoch verzichten wir deshalb nicht auf die Idee und das Streben nach der Wahrheit.

nachzujagen, aber auch Frieden mit den Randbereichen zu schließen. Und dass man den Gipfel auch dann zu erklimmen versucht, wenn man weiß, dass er unerreichbar ist.

Versuche, die Randbereiche abzuschaffen
Anstelle einer solchen Flussbewegung der Identitäten in Richtung ihrer Mehrdeutigkeit hat es in der Neuzeit zahlreiche Versuche gegeben, die wichtigsten Kategorien genauer und präziser zu definieren. Dies geschah beispielsweise mit dem Aufkommen des Nationalstaates und seinen erstmals fest gezogenen Grenzen.

Dasselbe galt auf einmal in der Wissenschaft, wo die als Mengen und Klassen bezeichneten Typologien mit ihren sorgfältig abgegrenzten Ausschlussregeln zum Ideal für jegliche Begriffsbildung wurden. In der antiken Welt gab es weniger klare Linien dieser Art. Ihre Einführung löste schließlich eine Radikalisierung von Identität aus, die sich in vielen Disziplinen gleichzeitig manifestierte.

Im späten 19. und frühen 20. Jahrhundert rückte in Übereinstimmung mit den enzyklopädischen Bestrebungen der wissenschaftlichen Taxonomie auch die Vorstellung einer starren Ethnie stark in den Vordergrund. Dass man auf einmal menschliche Identität ebenso kategorisieren konnte, wie man es mit Hunderassen oder blühenden Pflanzen tat, zog schnell das Problem der sogenannten Reinheit nach sich.

Es folgten verheerende Maßnahmen – zunächst in Form großer Bevölkerungsumsiedlungen, später in der Vernichtung angeblich abweichender Individuen und Völker, alles unter dem Vorsatz der Reinheit. So kam es zur Trennung von Griechen und Türken, Muslimen und Hindus. Und Armenier und Juden, beides Nationen ohne eigenes Land, wurden Opfer von Völkermord.

Dieselbe Art einer radikalen Fixierung erfolgte in Bezug auf sexuelle Abweichung. Verhaltensweisen und Identitäten wie die Homosexualität, die man früher zwar als abnormal, aber auch unvermeidlich angesehen hatte, wurden nun als pathologisch abgestempelt, was eigentlich ein Widerspruch in sich ist. Sie wurden zum medizinisch behandelbaren Problem, was vielfach nicht nur Internierung, sondern auch chemische Kastration nach sich zog.

Inzwischen aber haben wir uns längst daran gewöhnt, in der umgekehrten Richtung des Pendelschwungs zu leben, in der Welt der hypothetisch freien Liebe, welche uns die 1960er-Jahre beschert hat. Vergessen haben wir, dass Alkohol in der ersten Hälfte des 20. Jahrhunderts in den Vereinigten Staaten verboten war, homosexuelle Männer chemisch unfruchtbar gemacht wurden und die Trennung der sogenannten Rassen kategorisch durchgesetzt wurde. Es war die Zeit, in der es galt, Randerscheinungen zu beseitigen, anstelle sie zu tolerieren. Das Unvermögen, Mehrdeutigkeit und Struktur neben- und miteinander zu begreifen, führte dazu, dass jegliche Art von Vermischung um jeden Preis vermieden werden musste.

Wenn die Minderheit ins Zentrum rückt
Wir befinden uns jetzt am anderen Ende der Fahnenstange. In dieser postmodernen Welt werden wir ständig dazu angehalten, alle Arten von Ausnahmen als Form heroischen Widerstands gegen eingefahrene Muster zu betrachten. Wir sollen sogar das Anti-Muster selbst als das Ideal gegen die Unterdrückung der willkürlichen Hierarchie der Macht betrachten.

Diese abstruse Umkehrung der Begriffsbildung geht einher mit einem umfassenden, auf allen ihren Ebenen stattfindenden Angriff auf die Vektoren der Identität. Das ist deshalb problematisch, weil diese Vektoren – also das System, das uns lehrt, wer wir sind – eigentlich dafür geschaffen sind, dass sowohl der Einzelne als auch eine Gruppe sich ihrer inneren Einheit und ihres Daseinszwecks bewusst werden.

Es ist aber heute ein Mechanismus am Werk, bei dem eine Minderheit oder das, was eigentlich am Rande stattfindet, auf einmal ins Zentrum rückt. So stellen wir inzwischen nicht nur abweichende Begierden oder Verhaltensweisen zur Schau, sondern auch außergewöhnliche, angeblich kreative Persönlichkeiten, ja, sogar diejenigen, die früher als kriminell gegolten hätten.

Durch diese Art der Umkehrung kommt es ganz bewusst zu einem Chaos, dessen Tragweite kaum zu überschätzen ist und das sich in Form einer ausgeprägten Demoralisierung der Menschen bemerkbar macht. So geht die sogenannte Sinnkrise direkt mit einer Epidemie psychischer Erkrankungen einher. Gleichzeitig verzeichnen wir ein immer tiefer greifendes Misstrauen gegenüber sämtlichen Institutionen und eine gefährliche Polarisierung politischer Ansichten. Die Identitäten, die mit dieser Taktik zerstört werden, sind immer die intermediären Muster; sexuelle Identität, Familie, Nationalität und religiöse Zugehörigkeit seien beispielhaft genannt.

Darüber hinaus ist in der Forderung, allem Randständigen und Fremdartigen den Vorrang zu gewähren, eine wachsende, implizite Macht am Werk, die fähig und willens ist, solche eigentlich unhaltbaren Forderungen auch durchzusetzen. Dies ist sowohl

Es ist heute ein Mechanismus am Werk, bei dem eine Minderheit oder das, was eigentlich am Rande stattfindet, auf einmal ins Zentrum rückt.

notwendig, um die Dominanz des Anti-Schemas zu erzwingen, als auch, um die eigenwilligsten Identitäten gegeneinander zu verteidigen. Deren intrinsischer Mangel an Einheit führt nämlich ansonsten unweigerlich zu Konflikten und Chaos.

Herausforderungen des dekonstruktivistischen Ansatzes

Das Problem mit dem im Wesentlichen dekonstruktivistischen Ansatz ist ein dreifaches. Erstens kann das, was für die Vielfalt steht, nicht ins Zentrum gerückt werden, da das Zentrum per definitionem einheitlich ist und an allen anderen, unter- und übergeordneten Ebenen teilhat. Die Bevorzugung dessen, was am Rand steht, gegenüber dem Zentrum bedeutet also die Zerstörung der Kategorie an sich – ebenjener Kategorie, die nicht nur das Zentrum definiert, sondern gleichzeitig auch das Randständige schützt und ihm Raum gibt. Diese Zerstörung untergräbt nicht nur unsere kognitiven Fähigkeiten und solche, die der emotionalen Regulierung dienen, sondern auch unsere gemeinsame Perspektive, die so wichtig ist für Frieden und Harmonie.

Darauf folgt zweitens, dass randständige Identitäten deshalb nicht ins Zentrum gerückt werden können, weil sie einen Lebensstil mit sich bringen, der komplex, mehrdeutig und schwer zu greifen ist. So kann beispielsweise die Vielfalt der sexuellen Neigungen, die es zwar geben mag, dennoch nicht stellvertretend für die universelle Struktur von Ehe und Familie ins Zentrum gerückt werden. Der Grund hierfür ist nicht zuletzt der, dass die meisten dieser sexuellen Neigungen nicht zur Fortpflanzung führen können.

Ebenso kann eine Art platter Multikulturalismus deshalb keine wirkliche Mitte darstellen, weil er unendlich variabel ist – das genaue Gegenteil dessen, was eine Mitte ausmacht.

Die Erhebung dessen, was wir am Rande finden, in die höchsten Ränge führt nicht zuletzt deshalb unvermeidlich zu Verwirrung, Angst und Hoffnungslosigkeit, weil die ihm eigene Nichtigkeit einer explosiv mehrdeutigen Identität irgendwann zutage tritt.

Das wird zum Beispiel deutlich in der zunehmend surrealen, ständig erweiterten alphabetischen Darstellung der sogenannten Pride-Community. Da braucht es mit jedem Jahr weitere Buchstaben für noch weiter von der Norm Entferntes. Grund dafür ist, dass die Randvorkommen so zahlreich sind. Sie multiplizieren sich gegenseitig, indem die Ränder des schon am Rande Stehenden ihre Anerkennung durch dieses bereits am Rande Stehende auf dieselbe Art und aus denselben Gründen einfordern,

Die Erhebung dessen, was wir am Rande finden, in die höchsten Ränge führt unvermeidlich zu Verwirrung, Angst und Hoffnungslosigkeit, weil die ihm eigene Nichtigkeit einer explosiv mehrdeutigen Identität irgendwann zutage tritt.

wie dieses sie bereits durch das Zentrum beansprucht.

Drittens und letztens: Aufgrund dieser unzweckmäßigen Vielfältigkeit kann die Existenz der Ränder, wenn sie erst einmal in unangemessener Weise universalisiert worden ist, paradoxerweise nur durch die Intervention eines zunehmend totalisierenden Staates garantiert werden. Die Normen und Ideale der traditionell geeinten Identitäten werden also unter Generalverdacht gestellt. Die Unterstützung, die ihnen in ihrer freiwilligen und selbsttragenden Einheit eigentlich zuteilwerden sollte, wird stattdessen an diejenigen abgetreten, die aufgrund ihrer intrinsischen Abweichung ohne staatliche Unterstützung keine unabhängige Existenz führen könnten.

Was trennt, kann nicht einen

Im Jahr 2023 wurde zur Überraschung vieler in nahezu allen Ländern die Regenbogenflagge offiziell eingeführt. Während des sogenannten *Pride Month* sah man sie in der gesamten westlichen Welt wehen. Mit dieser Flagge und ihrer internationalen Verwendung wird all das gefeiert, was eine Herausforderung für die in der frühen Neuzeit durchgesetzten und auch radikalisierten Formen normativer Identität darstellt. Die Regenbogenflagge, hypothetisches Symbol der Vielfalt, hat sich schon jetzt in das Abbild eines totalisierenden Globalismus verwandelt.

Indem mit *Pride* ausschließlich die Ausnahme gefeiert wird, werden normgebende kleinere Allianzen, welche die Menschen psychologisch und sozial zusammenhalten, untergraben – als kollektive Struktur bleibt einzig der globale Leviathan übrig. *Pride* feiert das absolut autonome und aus der Genusssucht motivierte, sich selbst zersetzende Individuum. Gleichzeitig mutiert dieses Individuum zum Rädchen im Getriebe eines zunehmend globalisierten konsumorientierten Finanz-, Industrie- und Politiksystems.

Ganz besessen sind wir inzwischen von einer fragmentierten, auf uns selbst bezogenen Identität, die im Wesentlichen auf unseren Launen beruht. Im Jahr 2023 erklärte beispielsweise der kanadische Premierminister, dass der *Pride Month* zur *Pride Season* werden sollte, nachdem er schon innerhalb kürzester Zeit vom *Pride Day* zur *Pride Week* aufgestockt worden war. Eine Zeitspanne, die sich von Mai bis September, also fast über eine Jahreshälfte, erstrecken sollte und sogleich gefolgt wurde von einem Oktober, der nunmehr als *LGBT History Month* gilt.

Pride ist inzwischen mehr als nur der Rahmen zur Feier eines homosexuellen Lebensstils, wie das in früheren Jahrzehnten der Fall war. Heute wird bei dieser Zwangsveranstaltung die Vielfalt um der Vielfalt willen zelebriert. Damit einher geht die unmögliche Forderung, diese Vielfalt zu einer Art Maibaum zu machen, um den alle glücklichen Kinder der Gegenwart und Zukunft in Ewigkeit zu tanzen haben.

Neuere Pride-Flaggen stehen darüber hinaus nicht mehr nur für sexuelle Neigung und Gender-Identität, sondern auch für die Hautfarbe. Worin soll denn nun aber der Zusammenhang zwischen Hautfarbe und sexueller Minderheit bestehen? Natürlich in nichts anderem als der Opposition zur vermeintlichen Mitte.

Die Regenbogenflagge ist also ein Symbol dafür, dass jegliche Andersartigkeit und Marginalisierung an sich in den Himmel gelobt werden soll. Solche Fahnen sind das Abbild der Idee der sogenannten Intersektionalität, eines Begriffs, der alle diejenigen, die am Rand stehen, zu einer Einheit des gefühlten Verfolgtenstatus zusammenführt. Es handelt sich dabei um eine Vereinigung, die nichts anderes ist und sein kann als eine «Nicht-Mitte», eine Vereinigung also, die niemals eine echte Einheit verkörpern kann.

Ein Vorgehen dieser Art multipliziert die Instanzen der Vielfalt ins Unendliche. Damit ist es letztlich auch nicht haltbar. Die Glorifizierung des Anti-Schemas aber ist zugleich der Versuch, jegliche Ordnung und deshalb auch die ihr zugrunde liegende Opferbereitschaft als solche zu untergraben.

Wir feiern unsere Gemeinsamkeiten
Da es per definitionem die Einheit ist, die eint, und die Vielfalt, die teilt, wird das Beharren auf der Vorherrschaft der Vielfältigkeit letztlich zur Zerstörung dessen führen, was am Rand steht. Denn es ist nur das Zentrum der Ordnung, welches die Ränder aufrechterhält.

In der Regel feiern und erhöhen wir das, wonach wir gemeinsam streben, was wir in der Gemeinschaft wertschätzen, oder heben hervor, wogegen wir uns zusammen zur Wehr setzen. Wenn wir etwas feiern – bei einem Essen in der Familie, einem Sportereignis, einem Urlaub oder einem religiösen Ritual –, legen wir die Eigenwilligkeiten unseres Temperaments, unserer Gewohnheiten und sogar unseres Verlangens für den gemeinsamen Anlass beiseite. Wir kommen zusammen, um das zu feiern, was uns miteinander verbindet, nicht für das, was uns trennt.

Es ist einfach so: Das, was uns trennt, kann uns

Die Glorifizierung des Anti-Schemas ist der Versuch, jegliche Ordnung und deshalb auch die ihr zugrunde liegende Opferbereitschaft zu untergraben.

nicht zur Einheit führen. Ob unsere Gemeinsamkeit nun im Zusammenhalt der Familie, unseren Errungenschaften als Organisation oder unserer Hingabe an eine Sache oder ein Ziel besteht: Es liegt in der Natur der Hingabe, sich in Richtung Einheit zu bewegen.

Vielfalt als Einheit erfordert die absolute staatliche Kontrolle

Anstelle dessen, was aus der hierarchischen Strukturierung von Familien, Gemeinschaften und Nationen hervorgeht, ist die Überhöhung von Eigenwilligkeit und Andersartigkeit eine Folge radikal gespaltener Identität. Diese begreifen und erleben wir durch eine sich selbst vergegenwärtigende, allwissende und allmächtige innere Erfahrung, die uns zuflüstert, sie werde durch äußere Zwänge unterdrückt. Und hier sind wir nun beim finalen sich selbst verschlingenden Endpunkt des liberalen Individualismus angelangt.

Dieser Endpunkt steht jedoch in zwangsläufiger, wenn auch unerwarteter Verbindung mit dem Endpunkt absoluter staatlicher Kontrolle. Nur durch staatsähnliche Institutionen können nämlich all unsere Eigenwilligkeiten voreinander geschützt werden. Weil aber die sich immer weiter fragmentierenden Identitäten auf Kurs sind, sich ins Unendliche zu vermehren und sich gegenseitig in ihrer Existenz

> Es liegt in der Natur der Hingabe,
> sich in Richtung Einheit zu bewegen.

zu bedrohen, müsste sich auch der Staat ins Unendliche erweitern. Die staatlich verordnete Verteidigung all unserer Eigenwilligkeiten und Ausnahmen erstickt deshalb von vorneherein an ihrer eigenen Unmöglichkeit.

Die seltsame und eigentlich unverständliche Allianz der Projekte Inklusivität und Gleichberechtigung mit der sogenannten Umweltschutzbewegung lässt sich zunächst nur schwer erklären. Auf den ersten Blick scheint der Konsum-Hedonismus der Pride-Bewegung – ihre Ästhetik der überbordenden Vielfalt, des Überflusses und der inklusiven Großzügigkeit – nämlich in direktem Konflikt zu stehen mit der für die Umweltbewegung charakteristischen Nüchternheit und ihrem zentralistischen, von oben verordneten Verzicht. Auch die Forderung, die Erde müsste vor ihren Bewohnern und deren schädlichem Streben nach immer größerer Freiheit und höherem Lebensstandard geschützt werden, kann eigentlich nicht neben der Denkweise der Pride-Bewegung bestehen. Warum betrachten sich beide also als offensichtliche politische Verbündete?

Dieselbe Frage könnte man sich in Bezug auf den kürzlich erfolgten weltweiten Ausbruch des medizinischen Totalitarismus stellen, der die Erde während der Corona-Pandemie heimsuchte. Wie lässt sich das Laissez-faire der Pride-Bewegung so mühelos mit Vorschriften in Einklang bringen, die die Menschen voneinander isolieren und jede Möglichkeit eines intimen oder sonstigen Kontakts unterbinden?

Die Entwicklung einer totalen staatlichen Kontrolle über jedes noch so kleine Detail unseres Privatlebens (das Verbot von kommerziellen Flügen, privaten Autos und Gasherden auf der Makroebene oder von funktionierenden Toiletten und Duschen, Holzöfen, Plastiktüten und Trinkhalmen auf der Mikroebene) ist nichts anderes als die Kehrseite der Medaille der unendlichen Vielfalt und Differenz. Es ist die Verschärfung der Dualität von Individuum und Staat, die derzeit ihr surreales Crescendo erreicht. Man hat uns erlaubt, ermutigt und beauftragt, uns mit der Umwelt und einer Pandemie zu identifizieren, ihnen unsere Aufmerksamkeit und vor allem unsere Opfer zu widmen, gerade weil diese Themen global und allumfassend sind. Sie sollen sämtliche intermediären Identitäten – vom Individuum über die Familie bis hin zur Nation – transzendieren. Auf diese Weise ist die globale Identität solcher Krisen das Spiegelbild und der Tanzpartner der *2SLGBTQQIA+*-Explosion von Eigenwilligkeit und Ausnahme.

Subsidiarität: Eine bessere Vision der Identität

In seiner berühmten Enzyklika *Revum Novarum* stellte Papst Leo XIII. (1810–1903) eine Vision wieder in den Mittelpunkt, die schon lange unter dem Subsidiaritätsprinzip bekannt war. Dieses Prinzip besteht aus zwei Teilen. Zunächst wird Identität in der zuvor beschriebenen fraktalen Weise als hierarchisch begriffen, wobei sich ihre verschiedenen Formen wie bei einem Berg oder einem stufenförmigen antiken Tempelturm auf mehreren Ebenen gleichzeitig manifestieren. Verantwortung gilt dann als richtig übertragen und verteilt, wenn sie von der nächstmöglichen lokalen Ebene übernommen oder an diese weitergegeben wird.

In einem gut strukturierten subsidiären System übernimmt das Individuum aus freien Stücken die Verantwortung für sein Verhalten. Auch ein Paar hat seinen Bereich und seine Pflichten, ebenso wie die Familie, die Nachbarschaft, das Unternehmen, die Stadt und der Staat. Die größeren Ebenen sind in ihrem Zuständigkeits- und Handlungsbereich auf jene Handlungen und Ausrichtungen beschränkt, die von den niedrigeren und näher gelegenen Ebenen der hierarchischen Struktur nicht aufgegriffen werden können.

Das bedeutet, dass Entscheidungen von denen

In einem gut strukturierten subsidiären System übernimmt das Individuum aus freien Stücken die Verantwortung für sein Verhalten.

getroffen werden, die sich in größter Nähe zu den Folgen dieser Entscheidungen befinden, und von denen, die Zugang zu möglichst detaillierten und direkten Informationen haben. Da ein Elternteil sein Kind in der Regel besser versteht, als es selbst der gewissenhafteste und fürsorglichste Staatsbeamte könnte, sollte und muss es der Elternteil sein, der die Hauptverantwortung für das Kind trägt und übernimmt. Dasselbe gilt beispielsweise für die Regelung des Sexualverhaltens von Paaren. Die logische Schlussfolgerung lautet, dass der Gesetzgeber sich aus den Schlafzimmern seiner Bürger heraushalten sollte.

Ähnliches lässt sich zum Thema Wirtschaft sagen: Es gibt einfach zu viele Produktionsbetriebe, als dass sie alle von einer zentralen Behörde sinnvoll geregelt werden könnten. Es wäre schlicht unmöglich, genügend präzise Informationen zu sammeln, um die komplexen Prozesse und Systeme von Produktion und Logistik, die für die moderne Gesellschaft charakteristisch sind, auf so vielen Gebieten gleichzeitig zu steuern.

Das Prinzip der Subsidiarität ist das Herzstück der katholischen Soziallehre. Papst Leo XIII. reagierte damit auf die politischen Exzesse und revolutionären Klassenkonflikte, die seine Zeit prägten. Seine Hervorhebung der subsidiären Organisation ist allerdings nicht in erster Linie politisch; vielmehr handelt es sich um eine Theorie der wahren Identität und der vollständigen Teilhabe.

Das Gefüge der Identität ist eine Hierarchie von Ebenen

Identität ist nicht einfach eine Frage des Individuums und seiner Rechte oder gar Pflichten in Bezug auf einen bürokratischen Staat. Identität entwickelt sich immer weiter empor: Gedanken, Erfahrungen und Teile unserer Persönlichkeit fügen sich zu einem Individuum zusammen, und Individuen betten sich in Familien ein. Familien gehen wiederum in Gemeinschaften, Städten und Staaten sowie in moralischen Idealen und der Teilhabe an religiösen Ritualen auf.

Das Gefüge der Identität ist eine Hierarchie von Ebenen. Jede besitzt ihre eigene Existenz, keine jedoch ist vollständig in sich geschlossen, und alle haben Ziel, Zweck, Aufmerksamkeit und Sorge gemein. Im Idealfall spielen sie miteinander in einer großen Sinfonie.

Es handelt sich hierbei auch um eine Theorie der sogenannten psychischen Gesundheit, wobei diese Gesundheit im Sinne des subsidiären Modells nicht allein psychisch ist – ein Begriff, in dem sich ja dasselbe aufklärerische Problem vom Kampf des Individuums gegen den Staat verbirgt. Wahre psychische Gesundheit ist der Zustand der Harmonie, der sich einstellt, wenn sämtliche Ebenen einer subsidiären Hierarchie im optimalen Verhältnis zueinander agieren. Dies umfasst weit mehr als nur die korrekte Organisation der untergeordneten kognitiven und emotionalen Elemente innerhalb der medizinisch-biologisch definierten Psyche eines Menschen.

Das Gleiche könnte man ebenso zutreffend über den Frieden sagen, der sich dann einstellt, wenn die soziale Ordnung angemessen und fraktal strukturiert ist. Ohne eine gemeinschaftliche Vision von freiwilliger Zusammenarbeit und Zielbestimmung sowie strukturiertem Wettbewerb kann Hierarchie nur als eine von oben nach unten gerichtete Autorität und als willkürlicher Zwang begriffen werden – mit einem Wort: als Macht. Das ist die Anklage, die das zersplitterte, demoralisierte moderne und postmoderne Selbst, das gar nicht weiß, wie befallen es ist von den wetteifernden Geistern eines Hobbes, Locke und Rousseau, gegen die Autorität erhebt.

Das oberste Ziel der Identität

Die Ausrichtung unserer Aufmerksamkeit und unsere Teilnahme an erhabeneren Identitäten wird klassischerweise und traditionell als etwas aufgefasst, das beispielsweise im amerikanischen Motto

«One nation under God», zu Deutsch etwa: «Eine Nation, die sich als Ganzes nur Gott unterstellt», zum Ausdruck kommt.

Das Ziel allen Strebens ist ein transzendentes Gut, das als aktive Beziehung, als Bund, als ein Akt des Zelebrierens oder der Anbetung verstanden wird. Jede Identitätsebene erhält ihre Orientierung von der darüberliegenden Ebene. Die finale lenkende Hand wird dem Göttlichen selbst zugeschrieben, das auf den Garten Eden, das Gelobte Land, das himmlische Jerusalem oder den ewigen Himmel hinweist. Diese Gottheit ist, nach Dante, «die Liebe, die die Sonne und die Sterne bewegt» und die erschafft, aus Liebe und Wahrheit heraus.

Diese oberste Stufe einer Wertehierarchie geht den meisten Menschen zu weit. Die Alternative ist jedoch eine Identität ohne endgültige Einheit, die Kaskade der Auflösung über die Zeit hinweg, ja, der Tod Gottes. Und so macht sich als Reaktion auf all die Kräfte, die uns locken, die Angst breit, dass der Einzelne und die Gesellschaft ihre Substanz verlieren und Opfer werden der Hoffnungslosigkeit, die da einzieht, wo es keine Orientierung mehr gibt.

Fehlgeleitete Ziele und Götzenverehrung
Indem wir das Höchste aufgeben, zwingen wir stattdessen das, was eigentlich subsidiär ist, auf den

obersten Rang. Politik, Wirtschaft oder gar irgendeine Laune werden zum ultimativen Ziel erkoren, und Gott selbst verkommt, wenn nicht zu Schlimmerem, bestenfalls noch zum Cäsar.

Ohne die endgültige nicht rationale, ekstatische und transzendente Bewegung in das Nicht-Eingrenzbare werden sich Teilaspekte von Identität unweigerlich in Götzen verwandeln. Darum kommt es auch zur Ablösung der Theologie durch ihren seichten Nachahmer, die Ideologie, einer Entartung, die mit höllischen Begleiterscheinungen einhergeht.

Die differenzierte, hierarchische Identität mit all ihren Rechten und Pflichten schafft genau jenen Sinn, der die Ideologie und all ihre Unwahrheiten unattraktiv werden lässt. Einen Sinn, der dem Abenteuer des Lebens eine solche Strahlkraft verleiht, dass es sogar seine Tragik rechtfertigt.

Die Rolle des Einzelnen

Der leibliche Mensch, sei es Mann oder Frau, besitzt in einer solchen Auffassung von Identität einen einzigartigen Stellenwert. Er ist selbst Lokatio des Bewusstseins, der Erfahrung von Schmerz und Freude, ja, der Wertigkeit des Seins. Folglich besteht in einer subsidiären Vision immer noch eine klare Rolle für Rechte und Pflichten des Individuums. Sie sind tief in unserem Verständnis der übergeordneten Ebenen

Die differenzierte, hierarchische Identität mit all ihren Rechten und Pflichten schafft genau jenen Sinn, der die Ideologie und all ihre Unwahrheiten unattraktiv werden lässt. Einen Sinn, der dem Abenteuer des Lebens eine solche Strahlkraft verleiht, dass es sogar seine Tragik rechtfertigt.

der Existenz, einschließlich der religiösen, verankert. Das Individuum ist also der aktive Mittelpunkt der subsidiären Welt, und es ist die Quelle jeder moralischen Entscheidung und der Teilnahme an allen anderen Ebenen des Seins.

Trotz dieser essenziellen Bedeutung kann auch das Individuum niemals nur für sich allein stehen. Zwar mag die Idee völliger Freiheit verlockend sein, wirklich begehrenswert ist sie deshalb trotzdem nicht. Selbst die schlimmsten und asozialsten Menschen erleben erzwungene Isolation als Strafe. Wir sind durch und durch soziale Wesen, sogar die egoistischsten und machtbesessensten unter uns. Wir alle leben durch andere und für andere, auch wenn Umfang und Tiefe unserer sozialen Interaktionen sich stark unterscheiden. Sicherheit und Freude – den Sinn an sich – finden wir als Folge unserer Teilnahme an unseren höheren Identitäten, an der Jakobsleiter, die von unserem gegenwärtigen Dasein bis zu den Sternen emporragt.

Für die Gruppen, in denen wir unseren Platz haben, können und sollen wir als moralische Instanzen, Vermittler, Richter und Förderer fungieren. Aber wir orientieren uns auch nach unten, indem wir uns an den Bedürfnissen und Wünschen unserer Ehepartner, Kinder, Freunde und Mitbürger ausrichten. Individuen, Familien und Gemeinschaften sind Grundbausteine eines umfassenderen Staates, gleichzeitig aber auch Bollwerke gegen dessen allzu übergriffige Präsenz.

Als Individuen können wir den Menschen, für die wir verantwortlich sind, Schutz bieten vor der Hitze, die von oben kommt. Wir bewahren unsere Teammitglieder vor dem Zorn von Vorgesetzten. Wir erziehen unsere Kinder zu respektvoller Einhaltung der Gesetze, damit sie nicht in deren Fänge geraten, und wir stellen uns an die Seite unserer Ehepartner und Freunde, wenn die Willkür eines Unternehmens oder Staates über sie hereinbricht.

Die beste Verteidigung gegen überbordende Machtherrschaft besteht in der Verteilung der Macht. Geschieht dies in der richtigen, subsidiären Weise, verwandelt sie sich in geordnete Freiheit und gerechte Autorität und hat mit Machtmissbrauch nichts mehr zu tun. Zwischen dieser Machtverteilung, der Verantwortung und dem das Sein erhaltenden Sinn gibt es letzten Endes keinen Unterschied.

Verantwortungsvolle Staatsbürgerschaft dient dem höheren Gut

Indem wir unsere Rolle als bester Mensch, Elternteil, Spieler oder bestes Gemeindemitglied – als bester

Individuen, Familien und Gemeinschaften sind Grundbausteine eines umfassenderen Staates, gleichzeitig aber auch Bollwerke gegen dessen allzu übergriffige Präsenz.

Bürger unserer jeweiligen Nation – ausfüllen, dienen wir höheren Werten, ja, sogar dem Guten selbst. Wie sich auch unsere Identität von oben nach unten vollzieht, bietet die Gruppe uns Ordnung, Sinn und Zweck. Unsere Teilnahme auf lokaler Ebene kann aber erst dann die größte psychologische und soziale Wirksamkeit entfalten, wenn wir uns diesem höheren Gut unterordnen und dafür auch entsprechende Opfer bringen.

Jeder Spieler einer Mannschaft strebt zwar danach, ihr Star zu werden. Dennoch bilden die Spieler gemeinsam eine Mannschaft, und das Streben des Einzelnen nach Ruhm wird durch die Mitgliedschaft in der Mannschaft sowohl eingeschränkt als auch überhaupt erst ermöglicht. Die Mannschaften einer Liga wollen ebenfalls alle den ersten Platz erreichen. Aber auch sie konkurrieren innerhalb eines Rahmens der übergeordneten Zusammenarbeit miteinander. Sogar die Liga selbst folgt bei optimaler Funktion den Geboten des Sportsgeistes und funktioniert nach den Prinzipien des freien Zusammenschlusses.

Dies wiederum ist ein Ethos, das eingebettet ist in eine der Religion entspringenden Idee, nämlich den Geist der Gegenseitigkeit selbst. Es ist das Ethos, den anderen wie ein anderes Ich zu behandeln. Es ist die Vereinigung lokaler Zusammenschlüsse in einer höheren Einheit, die uns in die Lage versetzt, ohne Grabenkämpfe Seite an Seite mit anderen zu existieren, und die es uns bei aller Vielfalt ermöglicht, gemeinsam auf eine höhere Ebene des Seins hinzuarbeiten. Auch dieser Zustand kann nur auf subsidiäre Weise herbeigeführt werden. Denn jede mit Gewalt erzwungene utopische Vision verwandelt sich sofort in einen dystopischen Albtraum.

Wer dagegen auf jeder Ebene der subsidiären Identität die erforderliche Verantwortung übernimmt, wird auch zuverlässig das Gute zutage bringen. So liegt es in der Verantwortung des Einzelnen, nach und nach ein besserer Mensch zu werden, der in einer besseren Beziehung, einer stärkeren Familie und einer robusteren Gemeinschaft lebt. In der wechselseitigen Verwirklichung solcher erreichbaren und angemessen bescheidenen Ziele wird die wahre gesellschaftliche Ordnung und Freiheit etabliert, aufrechterhalten und sogar verbessert, und darin liegt das tragende Abenteuer des Lebens.

Mitgefühl ermöglicht subsidiäre Identität
Innerhalb der Grenzen einer angemessenen subsidiären Identität müssen sowohl die Auswüchse einer zu starken Kontrolle von oben als auch diejenigen einer zu starken Variabilität von unten sorgfältig bedacht und vermieden werden. Damit wir am überge-

ordneten Sein teilnehmen können, müssen wir uns angesichts unserer eigenen Unzulänglichkeiten und der Unzulänglichkeiten anderer stets vor Augen halten, dass, wenn man so will, jeder Mensch hinter der Herrlichkeit Gottes herhinkt.

Dies gilt auch dann, wenn wir bereits begriffen haben, dass eine aufwärts orientierte Ausrichtung und das damit verbundene Urteilsvermögen notwendig sind. Schließlich ist jeder von uns durchdrungen von Randsymptomen: Unsere Psyche ist angeschlagen, erlebt Verwirrungen und Versuchungen, unsere Ehen sind unharmonisch und unvollkommen, unsere Freundschaften oft belastet, unsere Unternehmen überholt und blind. Wir passen nicht in ideale Muster. Angesichts unserer Begrenztheiten auf der einen Seite und der extremen Anforderungen, die eine subsidiäre, sich ins Unendliche emporstreckende Identität an uns stellt, auf der anderen, ist Unvollkommenheit unvermeidlich.

Das bedeutet, dass zur Gerechtigkeit auch Mitgefühl gehört. Wir müssen denjenigen Raum geben, vergeben, Toleranz zeigen und die Hand reichen, die am Rand stehen, Zerbruch erlebt haben oder von bestehenden Identitäten ausgegrenzt werden.

Das heißt nicht, dass die Gerechtigkeit gänzlich auf dem Altar des Mitgefühls geopfert werden kann oder sollte. Zwar richten wir nicht, auf dass wir nicht gerichtet werden. Dennoch braucht jeder Mensch ein gewisses Maß an Urteilsvermögen, um selbst auf dem schmalen Pfad zu bleiben, sich himmelwärts zu orientieren und seinem Leben einen verlässlichen und anerkennenswerten Sinn zu geben.

Wir können uns der Verantwortung eines Selbsturteils oder der Beurteilung anderer nicht entziehen, schon gar nicht, indem wir Anteilnahme heucheln. Nein, wir müssen uns daran erinnern, dass wir mit demselben Maß gemessen werden, das wir selbst anlegen, und dass wir alle auf die eine oder andere Weise das Ziel verfehlen.

Nähe stärkt Zugehörigkeit
Zum Thema Zugehörigkeit gehört auch der Aspekt der Nähe. Je näher uns eine subsidiäre Ebene ist, desto mehr sollten wir ihre Forderungen für sinnvoll, moralisch geboten und real erachten. Meine Frau, meine Kinder, meine Familie, meine Freunde, meine Stadt usw. sind im Gegensatz zu denen anderer Menschen meine ureigene Angelegenheit, und zwar nicht, weil sie einen anderen Eigenwert oder eine andere Berechtigung hätten. Nein, es liegt daran, dass meine Aufmerksamkeit und meine Mittel begrenzt sind und fokussiert werden müssen, damit sie angemessen und sinnvoll eingesetzt werden können. Für das Privileg dieser einzigartigen Nähe be-

zahle ich mit meiner Verantwortung. Im Gegenzug hält diese Verantwortung, wenn sie auf alle Spieler verteilt wird, die ganze komplexe Partie am Laufen. Verantwortung, wenn sie wahrgenommen wird, sorgt für ein optimales Spiel, für Effizienz und Belastbarkeit.

Ein subsidiäres, hierarchisches System ist in der Lage, schnell und effektiv auf Störungen zu reagieren, nicht zuletzt aufgrund der Vielzahl lokaler Entscheidungsträger, von denen jeder seinen eigenen Bereich wahrer Autorität und Fähigkeit einnimmt. Diese Vision von Aufmerksamkeit ist weitaus realistischer und überzeugender als irgendein falsches globales Bewusstsein. Die richtige Weise, Gott anzubeten, besteht – zumindest anfangs – darin, sich selbst und seinem Ehepartner, seinem Freund oder seinem Kind auf die richtige Art zu begegnen. Es geht dabei nicht um eine Reduzierung des Höheren auf das Niedrigere, sondern um die Art und Weise, in der sich das Höhere im Niedrigeren am wahrhaftigsten manifestiert.

Unser Gewissen ruft uns zu Höherem auf
Das fraktale oder subsidiäre Verständnis von Identität beruht einerseits auf der Erkenntnis, dass eine Person Ort des Bewusstseins ist. Andererseits besteht sie aus einer Vielfalt von Gedanken und

Wünschen, die zu einem einheitlichen Willen und in ein sinnhaftes narratives Gedächtnis gebündelt werden müssen. Von einem Gedanken, der mir durch den Kopf geht, ist es möglich zu sagen: «Das bin *ich*, das ist ein gültiges Teilbild meines Willens und meiner Bestimmung.» Einen anderen Gedanken aber kann ich davon abgrenzen, in dem ich benenne, dass er ein Verlangen zeigt, das es zu zügeln gilt, ein Ziel, das meiner nicht würdig ist – eine Abweichung von meiner eigentlichen, ja, meiner subsidiären, höheren Bestimmung. Bei der Versuchung handelt es sich also um die Abweichung bzw. die Andersartigkeit dessen, was ist, von dem, was sein soll.

Unser Gewissen verstehen wir demnach als die Stimme des Höheren, die das Niedrigere ermahnt und es zu angemessenem Entbehren aufruft. Bei diesem internen Vorgang handelt es sich nicht um eine fälschliche Unterordnung des vermeintlich autonomen Individuums unter das willkürliche Diktat externer Mächte.

In James Joyces neuzeitlichem Roman *Ein Porträt eines Künstlers als junger Mann* beispielsweise betrachtet der Protagonist alle übergeordneten fraktalen Identitätsebenen als Gefängnisse, denen es zu entfliehen gilt, als Hindernisse auf dem Weg zu seiner Selbstverwirklichung. Er versucht deshalb, sich von Familie, Nation und Religion zu befreien. Eigentlich aber entgeht er so nur der Herausforderung, die mit dem Versprechen einer höheren Einheit oder Harmonie einhergeht. Der Roman gibt uns einen Hinweis auf ein noch zu lösendes Problem des Spiels zwischen den Ebenen.

Es stimmt zwar, dass eine willkürliche oder sklavische Unterwerfung unter höhere Strukturen von geringem Wert ist. Doch werden diese Strukturen, fügt man sich aus freien Stücken in sie ein, zu genau den Schauplätzen, an denen das Individuum einen echten Sinn findet. Einen Sinn, der tragenden sozialen Halt verleiht. Ohne diese höhere Teilhabe ist die sogenannte Freiheit, wie der Individualist sie anstrebt, nichts als eine wüste Einöde. Und nur in der Fürsorgebeziehung, die wir zu anderen aufbauen, lässt sich unsere individuelle Identität entdecken, stärken und verfeinern.

Die Liebe verwirklicht unser wahres Potenzial
Die Art und Weise, wie ich liebe und in Wahrhaftigkeit mit anderen existiere, lässt mich auch auf die aufrichtigste Weise ich selbst sein und mich im ehrlichsten Spiegel sehen. Die Art und Weise, wie ich mich auf das Miteinander mit anderen Menschen einlasse, macht mich – selbst in meinen eigenen Augen – zu etwas Wertvollem und Strahlendem. Diese verantwortungsvolle, höhere Arbeit darf oder kann

Nur in der Fürsorgebeziehung, die wir zu anderen aufbauen, lässt sich unsere individuelle Identität entdecken, stärken und verfeinern.

uns keine autoritäre Struktur wirklich abnehmen – oder besser gesagt, rauben.

Das gängige Bild des freien Individuums – jemand, der das imaginäre Recht besitzt, alles zu tun, was ihm gerade in den Sinn kommt, solange es nicht dasselbe Recht eines anderen beeinträchtigt – ist eine unzulängliche Vision des wahrhaft Menschlichen. Sie leugnet nämlich das dem Menschen innewohnende Verlangen und Bedürfnis, anderen gerecht zu werden, und behauptet, dass gesellschaftliche Ordnung nur als Beschränkung zu verstehen ist. In einer Gesellschaft, die sich ausschließlich an dieser liberalen Vision orientiert, gibt es keinen Zusammenhalt.

Wir brauchen Orte, an denen sich unsere individuellen Identitäten mit denen anderer vereinen können, um ein gemeinsames Ziel zu verfolgen und unsere Gemeinsamkeiten zu feiern. Ohne eine solche Gemeinschaft werden wir uns weiter in selbstzersetzende, von übergeordneten Zielen losgelöste Ichs aufspalten. Und im Gegenzug verleitet uns der entstehende Leerraum dazu, quasi als Kompensation eine totalitäre Identität anzunehmen.

Intermediäre Identität und die Familie
Unsere Individualität steht uns mehr oder weniger frei zur Verfügung. Durch sie können wir mit der Erkenntnis und Entwicklung unserer Identität

beginnen, oder wie Apollo sagen würde: «Erkenne dich selbst.»

Die meisten Menschen werden zusätzlich in eine Familie hineingeboren, die mindestens aus Mutter und Kind und meistens aus noch weiteren Personen besteht. Diese intermediäre Ebene steht uns nicht nur am nächsten, sondern besitzt auch den höchsten Eigenwert für den Einzelnen. Im Rahmen der Familie und der Möglichkeiten, die sie uns bietet, lernen wir, legitime Autorität zu respektieren, schrittweise persönliche Verantwortung zu übernehmen und gut mit anderen Menschen zurechtzukommen.

In der Welt gibt es verschiedene Arten intermediärer Identität. Die Traditionen jedoch, die mit den abrahamitischen Glaubensrichtungen übereinstimmen, betrachten das Modell von Vater, Mutter und Kind ausdrücklich als den nächstliegenden Mikrokosmos der Identität. Das gilt auch für die übrigen großen Zivilisationen der Welt, ob in Asien, Europa oder Afrika. Diese unserem Herzen nächste und vertrauteste Ebene dient uns sogar als Modell für die höchste aller Identitäten, denn auch uns selbst betrachten wir in der beliebten und weitverbreiteten Metapher als Kinder Gottes, des ewigen Vaters.

Weil es so sein muss, dass wir von Vätern und Müttern gezeugt werden, weil wir deshalb einfor-

Das Modell von Vater, Mutter und Kind dient uns sogar als Modell für die höchste aller Identitäten: als Kinder Gottes, des ewigen Vaters.

dern, dass sie in Liebe zusammenkommen und für uns sorgen, spielt dieses Bild der Kernfamilie eine zentrale Rolle in unserer Vorstellungskraft und unseren Sehnsüchten. Kein anderes Bild durchdringt so intensiv unsere Fantasien und Träume, Romane, Filme, Märchen und Mythen.

Es gibt viele Variationen eines Urtypus. Menschen bleiben hinter dem Ideal zurück oder experimentieren mit alternativen Konstellationen. Der zentrale Maßstab jedoch, an dem all diese Variationen gemessen werden, und das Ziel, das sie nach wie vor zu erreichen suchen, bleibt die Kernfamilie. Zwar mag es gute Gründe geben, auch solche Neukonstellationen zur Großfamilie zu erweitern. Ohne den atomaren Kern, um den herum solche Erweiterungen erst entstehen, bleiben solche Unterfangen jedoch unmöglich.

Ausnahmen vom Zentrum

Was aber passiert mit den Ausnahmen – den neu oder nur teilweise zustande gekommenen Beziehungen, den Alleinerziehenden, Geschiedenen, Verwitweten, den Familien am Rande der Gesellschaft? Als Folge unserer ständigen und allseitigen Abweichung vom noch immer notwendigen Ideal treten solche Ausnahmen ständig in Erscheinung. Selbst innerhalb der sicheren und großzügigen Grenzen einer wohlgeordneten Familie kommt es immer wieder zu Konflikten. Das ideale Kind gibt es nicht, und in noch viel schwerwiegenderem Maße scheitern wir auch als Väter, Mütter, Brüder und Schwestern.

Das Problem der Abweichung lösen wir aber nicht dadurch, dass wir das Ideal selbst opfern, denn das führt nur zu einer Normalisierung des Scheiterns. Stattdessen brauchen wir eine große Kraft, um die Spannung auszuhalten, die uns die Existenz des Ideals in all seiner richtenden Vollkommenheit vor Augen führt.

Genauso müssen wir auch das erforderliche Mitgefühl für alles am Rande Stehende aufbringen, halten wir uns doch oft ebenso dort auf wie diejenigen, die wir gerne ausschließen würden. Es geht darum, das Gleichgewicht von Urteil und Barmherzigkeit zu finden, das im klassischen Verständnis durch die rechte und linke Hand Gottes dargestellt wird.

Ebenso wichtig ist die Vorsicht vor jeglichem Versuch des Staates, die Familie zu umgehen oder zu ersetzen, indem er als Ausgleich eine verantwortungslose und falsche Freiheit verspricht. Wenn wir die Verantwortung der Familie an den Staat abtreten, appellieren wir an die schlimmsten Seiten des willensschwachen, unreifen und impulsiven liberalen Menschen. Indem wir ihm nämlich die existenzielle Bürde nehmen, die den wahren Sinn des

Lebens ausmacht, berauben wir ihn des wahren Lebens.

Verantwortungsbewusste Individuen, die in verantwortungsbewussten Paarbeziehungen und Familien eingebettet ihr Leben leben: Diese Konstellation stellt die Mindestvoraussetzung für ein wirklich funktionsfähiges höheres Gemein- oder Staatswesen dar und ist gleichzeitig die wirksamste Verteidigung gegen Übergriffe derer, die sich selbst zum König ausrufen wollen.

Aufmerksamkeit und Erinnerung schaffen eine Einheit des Seins

Der erste Schritt zur Gemeinschaft, ja, sogar zur Einheit unseres eigenen Seins, ist die Ausrichtung unserer Aufmerksamkeit. Diese wird angezogen von unseren inneren Launen, Teilpersönlichkeiten, Trieben, Emotionen und Gedankenfetzen. Sie alle ringen auf der psychologischen Ebene um Vorherrschaft.

Unsere persönliche Aufmerksamkeit erfährt aber auf ganzheitlich tragfähige und sinnvolle Weise erst dann eine Art Ordnung, wenn sie sich auf andere bezieht; wenn sie unserer Verbindung mit Familie, Freunden und Mitbürgern gewidmet ist; ja, wenn wir sie den sozialen Hierarchien opfern, an denen wir teilhaben.

Im Laufe der Zeit vermittelt uns unsere Erinnerung diese Organisation unserer Aufmerksamkeit. Erinnerung funktioniert über ein Narrativ, also durch die Geschichten, die wir uns über unser Leben erzählen. Diese Geschichten verschaffen uns Klarheit und helfen uns dabei, unser Verständnis der Vergangenheit so zu strukturieren, dass es uns als Leitfaden für die Zukunft dienen kann.

Das Prinzip gilt gleichermaßen für das Individuum wie für die Geschichten, die wir uns im Kollektiv erzählen, jene also, die von den Abenteuern und Missgeschicken der Helden und Ungeheuer berichten, die in den Tagen unserer Vorfahren auf der Erde wandelten. Die Geschichte und ihr verhaltenstechnischer Vorläufer und Begleiter, das Ritual, sind es, die uns in unserem persönlichen und gegenseitigen Selbstverständnis vereinen und uns Richtung, Empfindung und Motivation verleihen.

Das Feiern unserer gemeinsamen Geschichten
Im tiefsten Sinne sind das Erinnern an unsere gemeinsamen Geschichten und die Teilnahme an unseren gemeinsamen Ritualen eine Form des Feierns. Das geschieht im Rahmen von Gedenkfeiern, Geburtstagen und Jahrestagen, von Feiertagen, die unsere Zeit kennzeichnen, oder von Ehrungen, die wir unseren Helden, Führungspersönlichkeiten und

Berühmtheiten erweisen. Wer wissen will, wie eine Welt beschaffen ist, sollte sich anschauen, was ihre Bewohner feiern. Feiern ist verbindender Fokus und Handlungsdevise zugleich, es führt uns die fraktale Hierarchie zu wahrer Freude empor, bis hin zur transzendenten Anbetung Gottes selbst.

Wir versammeln uns in riesigen Arenen, um an der strukturierten Harmonie einer musikalischen Darbietung teilzunehmen. Wir erheben uns in denselben Stadien, wenn wir einem außergewöhnlich begabten Sportler dabei zusehen, wie er über seine eigenen Fähigkeiten hinauswächst. Wie er das scheinbar Unerreichbare doch erreicht. Und zumindest für einen Augenblick begreifen wir den Zauber dessen, was geschieht, wenn ein disziplinierter und fokussierter Mensch erfolgreich nach ganz oben strebt.

Mit unseren nationalen und religiösen Feiertagen gedenken wir der Gründung unserer Staaten, der Geburten unserer Erlöser, des Todes und der Auferstehung der Geister, die uns am meisten bewegen. Die gemeinsamen Handlungen, die wir im Rahmen dieser zeichenhaften Erinnerungen an die sakrale Welt unternehmen, signalisieren und verstärken unsere psychologische Integrität und gegenseitige Zugehörigkeit.

Falsche, willkürlich eingeführte Feiertage – erzwungene Feiern, die von Propagandisten und

Feiern ist verbindender Fokus und Handlungsdevise zugleich, es führt uns die fraktale Hierarchie zu wahrer Freude empor, bis hin zur transzendenten Anbetung Gottes selbst.

Ideologen angeordnet werden – stellen dagegen das Eindringen des Turms von Babel in den privaten und öffentlichen Raum dar. Sie sind Teil der verallgemeinernden, totalitären Gewalt über Bauern, Leibeigene und Sklaven. Und ebenso sind sie Teil des Versuchs eines fragmentierten, selbstsüchtigen Individuums, seine kontraproduktive Freiheit und Unabhängigkeit auszurufen.

Es ist in unserer jüngeren Geschichte schwierig geworden, ohne Schuldgefühle unserer alten Helden zu gedenken, sei es wegen ihrer tatsächlichen oder eingebildeten Versäumnisse und Sünden. Dennoch gibt uns das biblische Gebot sowohl den Auftrag als auch die Gelegenheit, unsere Mütter und Väter zu ehren. Wir werden aufgefordert, dies ungeachtet ihrer Sünden zu tun; dankbar zu sein für das, was uns die Vergangenheit bei aller Unzulänglichkeit hinterlassen hat; der Versuchung zu widerstehen, uns als etwas moralisch Besseres zu betrachten, wo wir doch nur von den Opfern profitieren, die unsere Vorfahren gebracht haben.

Dankbarkeit für unser Erbe
Und wenn wir diese Verpflichtung ablehnen? Es ist Noahs Sohn Ham, der seinen Vater nach dem Genuss von zu viel Wein nackt und völlig entblößt vor sich ausgestreckt sieht und sogleich seine Brüder

herbeiruft, damit sie sich an dem Spaß beteiligen. Als sie jedoch eintreffen, bedecken die tugendhafteren Brüder ihren Vater behutsam und wenden ihre Augen aus Respekt ab. Nach der Überlieferung sind Ham und seine Nachkommen folglich dazu bestimmt, Diener dieser bescheidenen und respektvollen Brüder zu sein, auf ewig verdammt zu einem Leben als Sklaven.[8]

Diejenigen, die jede Dankbarkeit für die Vergangenheit zugunsten eines nachtragenden Urteils ablehnen, die sich in arroganter Weise ihren Eltern moralisch überlegen fühlen, nur weil sie das Glück hatten, zu einem günstigeren Zeitpunkt an einem günstigeren Ort geboren zu werden – sie sind es, die die sklavenähnlichen Verhaltensweisen des in der Wüste verlorenen Volkes entwickeln und sich später den Schmeicheleien der Tyrannen wehrlos ausliefern.

Die Zerstörung und Verdrehung der Vergangenheit – dieses immerwährende revolutionäre Ideal – löscht die Erinnerung an die Fehler- und Sündengeschichte, die wir mit unseren Vätern teilen. Die Törichten aber befördern sich damit selbst in den Rachen des autoritären Drachens. Aus diesem Grund müssen wir unsere gemeinsame Vergangenheit wiederentdecken, bewahren, verstehen und mit ihr leben.

Wir stehen auf den Schultern früherer Giganten

Man mag der Behauptung glauben, dass es uns modernen Menschen gelungen ist, moralischen Fortschritt zu erreichen. Sollte dies der Wahrheit entsprechen, läge es aber nicht zuletzt daran, dass wir den Frieden und Wohlstand, den wir genießen, den in der Vergangenheit entstandenen gesellschaftlichen Strukturen und Technologien zu verdanken haben. Frieden und Wohlstand sind es nämlich, die uns vor den schlimmsten Impulsen unseres Wesens schützen. Doch auch die Frage nach den unbestreitbaren Sünden der Vergangenheit, der patriarchalischen Unterdrückung, dem Krieg, ja, sogar Völkermord, braucht eine Antwort.

Vielleicht sollten wir Dankbarkeit üben für die Gesamtheit unseres Erbes. So wie wir auch versuchen, für die natürliche Welt und das Geschenk des Lebens trotz all seiner Tragik dankbar zu sein. Vielleicht sollten wir auch auf uns selbst schauen, um dafür zu sorgen, dass sich derartig Schreckliches nicht wiederholt.

Und vielleicht sollten wir abschließend feststellen, dass dieselben traditionellen Weisheiten, die uns zum Respekt vor der Vergangenheit anhalten, uns auch die Unzulänglichkeiten der damaligen Menschen auf schonungslose Weise aufzeigen. Dies gilt in besonderem Maße für die biblischen Schriften, in denen selbst die Israeliten, Verfasser ihrer eigenen Texte, in all ihrer Unfähigkeit dargestellt werden. Selbst die elementarsten moralischen Verpflichtungen zu erfüllen ist ihnen nicht möglich, geschweige denn die Herrlichkeit JHWHs[9] zu repräsentieren.

Wir können weder Selbstachtung noch Sicherheit oder Zukunftsperspektive besitzen, wenn wir die Vergangenheit verachten, denn die Menschen der Gegenwart und Zukunft unterscheiden sich in ihrem Wesen nicht von denen früherer Zeiten. Das bedeutet nicht, dass wir keine Verantwortung hätten, die Sünden unserer Vorfahren wiedergutzumachen: einmal erfolgte und dann fortgesetzte Abweichungen erfordern eine Kurskorrektur. Sühne und Wiedergutmachung sollten jedoch im Geiste der Demut und nicht des Stolzes erfolgen.

Fortschritt wird möglich durch angemessenes Aufwärtsstreben

Unsere Identität ist fraktal, hierarchisch, subsidiär. Die richtige, verantwortungsvolle Teilnahme auf allen Ebenen verleiht dem Leben Bedeutung, Sicherheit, Hoffnung und Abenteuer. Nur wenn wir unsere Aufmerksamkeit und unser Handeln angemessen ausrichten, wird Fortschritt möglich – und zwar im Sinne weiterer harmonischer Integration und weiteren Strebens nach oben. Diese Identität bedeutet Verantwortlichkeit auf jeder Ebene. Sie ist ihrem Wesen nach auch bereit, Opfer zu bringen. Ganz im Sinne der Ordnung bietet sie das Nichtigere dem Höheren als Opfer dar.

Dieses Opfer der Reife ist die Essenz des höheren Aufwärtsstrebens. Wir erlernen auch eine gewisse Impulskontrolle, nicht jedes Bedürfnis sofort zu befriedigen. Es öffnet die Tür für ein ganzheitliches, reifes Privat- und Gemeinschaftsleben.

Dabei geht es im Kern um eine Beziehung und nicht um eine bloße Reihe von Tatsachen oder gar das Einhalten bestimmter Regeln. Es geht um die Beziehung zwischen Mann und Frau, Paar und Kindern, Familie und Gemeinschaft, Stadt und Land. Es geht um die gesamte Stufenpyramide unter Gott, das *Summum Bonum,* die Essenz des Guten, um den Geist, der die gesamte Pyramide erfüllt, wenn er mit offenen Armen, demütig und dankbar aufgenommen wird.

Es ist die Harmonie der Sphären, der Sinn der Musik, die Freude am gemeinsamen Feiern, die stehende Ovation der Menge, der rote Faden der Ewigkeit, der die Bewohner der Erde mit den Engeln des Himmels verbindet.

Es gibt noch viele andere Bilder für dieses Wunder: Da ist der Vater, der aus dem Bauch des Ungeheuers gerettet werden kann, der Schatz, der vom ewigen Drachen bewacht wird, der König in seinem Schloss, die Stimme des Gewissens selbst, die Unterordnung des Lehrlings, die Bedeutung des Meisterwerks, die geordnete Freiheit echter Anbetung in der Wüste – die dann keine Wüste mehr wäre, sondern ein blühender Ort des Überflusses.

Die Verwirklichung all dessen erfordert Weisheit, die Bereitschaft, die Lasten des Lebens auf sich zu nehmen, der Wahrheit treu zu bleiben und aufwärtszustreben, immer zum Besten hin und immer auf den Schultern vergangener Giganten stehend.

Die subsidiäre Identität als Verkörperung des ewigen logos

Nur subsidiäre Identität ist wahre Identität. Persönliche Verantwortung ist der Preis für unsere Teilhabe an dieser Identität und führt uns in das eigentliche Abenteuer unseres Lebens.

Sie ist das Medikament gegen Existenzangst, die Quelle der lebendigen Hoffnung.

Sie ist der leuchtende Stern, der in der Ferne winkt.

Sie ist wahre Nachhaltigkeit, gepflegter Garten, ewiges Festmahl und die himmlische Stadt.

Sie ist die einzig wahre Alternative zur einsamen

Nur subsidiäre Identität ist wahre Identität. Persönliche Verantwortung ist der Preis für unsere Teilhabe an dieser Identität und führt uns in das eigentliche Abenteuer unseres Lebens.

Wanderung in der Wüste und zur sklavenhaften Unterwerfung unter Könige und Tyrannen.

Sie ist die ultimative Opfergeste, die Aufgabe unserer Schattenseiten zugunsten der Harmonie des Ganzen.

Sie ist die Verkörperung des ewigen *logos,* das im Dienst der Liebe die Wahrheit spricht, das die Last der Welt auf seine Schultern nimmt und in dieser furchtbaren Last den erlösenden Sinn des Lebens findet.

Über die Autoren

Dr. Jordan B. Peterson (Jg. 1962) ist einer der einflussreichsten Intellektuellen weltweit. Er ist klinischer Psychologe und emeritierter Professor an der Universität von Toronto. Von 1993 bis 1998 war er Professor für Psychologie in Harvard. Seine Hauptforschungsgebiete sind die Psychologie des religiösen und ideologischen Glaubens sowie Verbesserungspotenziale der Persönlichkeit. Er ist Bestseller-Autor (u. a. *12 Rules for Life*), gefragter Berater und Redner. Er wurde fünf Jahre in Folge als einer der besten Universitätsdozenten Ontarios nominiert. Mehrere seiner Online-Vorlesungen gingen 2016 viral und verhalfen ihm zu einer hohen internationalen Bekanntheit als öffentlicher Intellektueller. In den sozialen Medien folgen ihm Millionen. Peterson vertritt konservativ-liberale Positionen und kritisierte z. B. vielfach den Einfluss der Political Correctness auf die Redefreiheit.

Jonathan Pageau ist ein französisch-kanadischer Ikonenschnitzer, gefragter Redner und erfolgreicher YouTuber. Nachdem er Orthodoxe Theologie und Ikonologie an der Universität von Sherbrooke studiert hat, schnitzt Pageau seit 2003 verschiedene Arten liturgischer Gegenstände. Seine Ikonen sind weltweit gefragt. Er ist außerdem Herausgeber des *Orthodox Arts Journal* und Gastgeber des *Symbolic World Blog* und *Podcast*.

Anmerkungen

[1] Dietrich Bonhoeffer et al., Widerstand und Ergebung. Briefe und Aufzeichnungen aus der Haft, Gütersloher Verlagshaus 1998, S. 25.

[2] Nachzulesen in der Bibel im 1. Buch Mose, Kapitel 28, Verse 10–19.

[3] Die Geschichte von Abraham findet sich in der Bibel und wird hauptsächlich im 1. Buch Mose erzählt, insbesondere in den Kapiteln 11 bis 25.

[4] Die Bibel im Buch Jesaja, Kapitel 60, Vers 3, in der Übersetzung Hoffnung für alle®, Copyright © 1983, 1996, 2002, 2015 by Biblica, Inc.®. Herausgegeben von Fontis.

[5] Auch hier wirkte Corona als Beschleuniger: Diejenigen, die sich auch nur verbal gegen die Corona-Maßnahmen wehrten, wurden von den Regierungen sanktioniert. Die gegen die politischen Aktivisten in Kanada verhängten Kontensperrungen und Verhaftungen waren ein Hinweis auf den wachsenden staatlichen Autoritarismus.

[6] Guy Lawson, «Trudeau's Canada, Again», The New York Times Magazine, 8.12.2015, https://www.nytimes.com/2015/12/13/magazine/trudeaus-canada-again.html (Zugriff am 08.05.2024).

[7] Mystic Treatises by Isaac of Nineveh. Translated from Bedjan's Syriac Text with an Introduction and Registers (Gorgias Press, 2011), S. 8. Dt. Übersetzung: Fontis-Verlag.

[8] Nachzulesen in der Bibel im 1. Buch Mose, Kapitel 9, Verse 20–27.

[9] Biblischer Gottesname, der so viel heißt wie: «Ich bin, der ich bin» oder «Ich werde sein, der ich sein werde». Andere Schreibweise: Jahwe.

Jordan B. Peterson
Konservatives Manifest

88 Seiten, gebunden
ISBN 978-3-03848-242-0

In dieser aufrüttelnden Streitschrift zeigt Dr. Jordan B. Peterson, dass das, was sich derzeit vornehmlich als Welt- und Wirtschaftskrise manifestiert, im Kern eine tiefe Sinn- und Wertekrise der bürgerlichen Kultur des Westens ist. Sein Manifest setzt er unerschrocken als Bollwerk gegen die vorherrschende Sinnleere, Verzweiflung und Orientierungslosigkeit.

Mit einer Resonanz von Norbert Bolz,
Birgit Kelle und David Grau

Markus Spieker,
David Bühne
Rock Me, Dostojewski!
*Poet. Prophet. Psychologe.
Punk.*

560 Seiten, gebunden
ISBN 978-3-03848-224-6

Ist Dostojewski von gestern? Von wegen! Dostojewski rüttelt auf, durch seine Werke genauso wie durch den faszinierenden Werdegang: vom Sohn eines Armenarztes, Literatur-Wunderkind, Revolutionär und Zwangsarbeiter in Sibirien zum Medienunternehmer, Blogger (tatsächlich!) und schließlich gefeierten Nationaldichter.

Auf der Grundlage der neuesten Dostojewski-Forschung werden seine Lebensstationen vorgestellt. Dabei kommt er auch ausführlich selbst zu Wort: in einem Best-of seiner Bücher, Zeitschriften, Briefe und Notizen.

Hochaktuell sind seine Warnungen vor einem Hyper-Individualismus und den Folgen der Abkehr von Gott. Höchste Zeit, ihn ganz frisch zu entdecken: als Erzähler, Seelenforscher, Weisheitslehrer.

C. S. Lewis
Durchblicke
*Texte zu Fragen
über Glauben, Kultur
und Literatur*

416 Seiten, Klappenbroschur
ISBN 978-3-03848-168-3

Die vorliegenden Texte von C. S. Lewis bieten einen neuen Blick auf einen der einflussreichsten christlichen Denker des 20. Jahrhunderts. Sie umfassen kritische Auseinandersetzungen mit anti-christlichem Gedankengut, Reflexionen zur Literatur- und Geistesgeschichte des Abendlandes sowie Essays über seine eigenen fantastischen Werke und das Werk seines Freundes J. R. R. Tolkien.

Außerdem erläutert Lewis seine apologetische Methode und die Grundzüge seiner Auslegung der biblischen Schriften. Ausschnitte aus privaten Briefen zeugen von seiner intensiven Auseinandersetzung mit dem christlichen Glauben. Die Texte sind hochaktuell und helfen, in einer Zeit des Umbruchs Orientierung zu gewinnen für eigene philosophisch-theologische, geistesgeschichtliche und literarische Fragen.